Ulrich Kaiser

Tausend tolle Tennis-Typen

Limpert

Typen (grch.; Mz. von Type, [die]), 1) im Buchdruck die → Lettern; 2) *sonderbare Menschen;* 3) Grundformen, bes. gleichartige Durchschnittsqualitäten von Waren.

Typus (grch.), (der), Gepräge, Muster, Urbild, Grundform, Bauplan. Die Vererbungslehre unterscheidet Genotypus (d. i. der durch die Erbanlagen bestimmte T.) und Phänotypus (d. i. der in der Entwicklung „erscheinende" T.). – typisch, allg. kennzeichnend, charakteristisch.

(aus: Bertelsmann Volkslexikon 1956)

Zeichnungen: Bernhard Verlage, Berlin
Umschlagzeichnung: Klaus Sperber, Wiesbaden

3. Auflage 1987

Gesamtherstellung: Wiesbadener Graphische Betriebe GmbH, Wiesbaden
Printed in Germany
ISBN 3-7853-1410-8

Inhalt

Vorwort
oder
Beim Tennis ist noch keiner ertrunken

Die Überlegung, ausgerechnet Tennis-Typen zu beschreiben, ist in keinem Falle darauf zurückzuführen, daß die Ausübenden dieses Spiels sich besonders von ihren Mitmenschen unterscheiden. Man könnte genausogut Golf-Typen, Schwimm-Typen, Radfahr-Typen oder Fußball-Typen schildern; außerdem hängt der Autor der Theorie an, daß beispielsweise der Prozentsatz kriminell veranlagter Subjekte unter Staatssekretären genauso hoch ist wie unter Chirurgen, Bäckern, Intendanten, Müllfahrern oder Hochschullehrern – es gibt nur mehr Bäcker als Intendanten. Der Grund für die Beschreibung von Tennis-Typen liegt darin, daß dieses Spiel sich in einem ganz entscheidenden Punkt von allen anderen sportlichen Übungen unterscheidet: Es ist weitaus ernster als alles andere.
Beim Golf entstehen die verrücktesten Geschichten, wenn der Ball etwa in der Astgabel eines Baums liegen bleibt und der Crack sich überlegen muß, mit welchem Schläger man ihn von dort weiterbefördert – beim Schwimmen kann man sich totlachen oder auch ertrinken – beim Radfahren läßt sich gemächlich eine Landschaft genießen – und nichts ist so erheiternd, wie ein im Klofenster gelandeter Fußball, sofern dieses beim Nachbarn geschieht. Tennis ist überhaupt nicht gemächlich, und wer dabei lacht, setzt den nächsten Ball mit Sicherheit ins Netz. Man sollte aber auch erwähnen, daß beim Tennis noch niemand ertrunken ist.
Beim Tennis gibt es keine lustigen Geschichten. Björn Borg ist ein brillanter Langweiler, Ivan Lendl pflegt sein Gesicht nur zu verziehen, wenn alles vorbei ist, und was John McEnroe angeht, ist kaum als Heiterkeit zu bezeichnen. Tennis-Stars tragen ein gewaltiges Schicksal auf ihren oft sehr schönen Schultern, wie sich unschwer aus ihren Gesichtszügen lesen läßt, die uns von den Fernsehkameras ins Wohnzimmer übertragen werden. Das hat sicherlich nichts damit zu tun, daß es um so viel Geld geht: Unser Clubmeister, der sogar seine Bälle selbst bezahlt, macht seit Jahren das gleiche Gesicht, wenn er wieder gewonnen hat.

Tennis ist vor allem ein großer Gleichmacher. Ein Amerikaner, der die kurze Geschichte seines großen Landes tatsächlich auswendig lernte, hat Tennis mit einem Colt verglichen: Ein solches Schießeisen war im Wilden Westen angeblich ebenfalls dazu da, alle Menschen gleich zu machen. Manche von ihnen waren gleichermaßen tot. Insofern ist es erstaunlich, daß man ein solches Demokratisierungs-Instrument in der Union der sozialistischen Sowjetrepubliken so wenig pflegt: Die teuerste Ausrüstung nutzt dem hohen Parteisekretär gegen den Arbeiter gar nichts, wenn er keinen Aufschlag beherrscht. In diesem Zusammenhang sollte man lobend erwähnen, daß sich im Garten des Weißen Hauses ein Tennisplatz befindet, während dieses vom Kreml nicht bekannt ist. Allerdings übertreibt man auch in Washington die Gleichmacherei nicht – der Platz ist nicht einzusehen.

Nun wäre es aber verfehlt anzunehmen, daß dieses Spiel alle sozialen Schranken niederreißt; derartiges findet höchstens während der Ausübung selbst statt. Da die Regeln kein Unentschieden zulassen, ergibt sich sofort nach dem Matchball eine Rangordnung, der man sich zu unterwerfen hat. Aus dieser Tatsache begründet sich wahrscheinlich das Ernste im Tennis: Jeder, der ein Match beginnt, weiß, daß er nach Beendigung desselben eine neue Position einnimmt. Das bezieht sich nicht nur auf Ranglistengefechte, sondern auch auf gesellschaftliche Hackordnungen, die im Clubhaus beginnen und im trauten Heim längst nicht zu Ende sind. Ein stolzer Familienvater und Ernährer seiner häuslichen Schar vermag durch einen Sieg auch zu Hause gewaltiges Ansehen zu erringen – es sei denn, er hat dämlicherweise seinen Chef geschlagen, was einer kühl kalkulierenden Ehefrau lediglich Mißbilligung abnötigt. Andererseits kann eine Niederlage gegen den dicken Nachbarn zu tiefen Depressionen und Auseinandersetzungen führen, die mit Grabenkrieg und Schweigemarsch nur unzulänglich beschrieben sind.

Die Definierung von Tennis-Typen ist weitaus diffiziler, als man sich gemeinhin vorstellt. Der Melancholiker in Reinkultur ist genauso selten wie der klar erkennbare Choleriker – es gibt verschleierte Masochisten und friedliche Sadisten: Alle Charaktere teilen sich wiederum in verschiedene Untergruppen, mischen sich untereinander und ergeben zuletzt ein Resultat, welches Generationen von Psychiatern Brot und Arbeit besorgt. Das ganze Problem quadriert sich schließlich, da Psychiater ebenfalls Tennis spielen.

Wenn mich jemand fragen würde, warum ausgerechnet Tennis – ich könnte es nicht sagen. Ich habe das Spiel begonnen, um einem Chef zu imponieren – aber als ich ihn schlug, begann er, meine Spesenabrechnungen anzuzweifeln. Ich erlebte das Zerbrechen einer dicht bevorstehenden

Verlobung am eigenen Leibe wegen dieses Spiels – nur weil ich der Dame in netter Form einige Wahrheiten über ihre absolute Unsportlichkeit zurief (übrigens habe ich sie dann doch noch geheiratet). Ich habe mit einem lieben Freunde ein halbes Jahr kein Wort gewechselt, weil er den Versuch unternahm, mich in übelster Form zu betrügen. Ich bin am Rande eines Hitzschlages über den Platz getaumelt, nur um einen Kerl zu bezwingen, von dem ich wußte, daß er als Kind Katzen quälte – ich liebe meine Katzen. Ich habe ein Vermögen für Schläger, Bälle und Clubbeiträge ausgegeben – aber das bißchen Reputation verdanke ich allein meinem Standvermögen an der Clubhausbar. Ich habe mich zum Clown gemacht bei den Meisterschaften – ich habe handtellergroße Blasen an Händen und Füßen gehabt und die schrecklichsten Verletzungen – ich habe in ekelerregendem Hochmut die Match-Anträge aller unterlegenen Spieler abgelehnt und demütig darum gebuhlt, gegen einen stärkeren antreten zu dürfen. Dieses blödsinnige Spiel hat mir den Frieden meiner Seele geraubt – warum bastele ich nicht lieber Modellflugzeuge oder -eisenbahnen? Dann fände dieser Exhibitionismus wenigstens nicht in aller Öffentlichkeit statt. Tennis spielt man nicht – Tennis erleidet man.
Nun wird gleich einer sagen, daß Leiden auch Lust sein kann – es gibt keinen anderen Bereich meines Lebens, wo ich diese Veranlagung an mir je entdeckte. Lassen wir's gut sein.

Polit-Philosophie
oder
Was das indische Kasten-System damit zu tun hat

Das indische System der Kasten ist nicht unbedingt als Vorbild für die Demokratien westlicher Länder zu betrachten.
Dieser Satz steht da wie ein Elefant auf dem Tennisplatz: fremd, unnütz, beziehungslos. Aber das indische System der sozialen Kasten und das System dieses Spiels, von dem die Rede ist, weisen außerordentliche Parallelen auf – auch Tennis ist nicht unbedingt ein Vorbild für die Demokratie des Abendlandes.
Woran das liegt, läßt sich so ohne weiteres nicht erklären. In anderen Sportarten ist es sehr oft möglich, daß auch ein Nobody zu meist vorübergehenden Ehren kommt: Man spricht dann von David und Goliath, und irgend jemand erfand einst die schreckliche Formulierung von der ‚glorreichen Ungewißheit des Sports'. Beispiele gibt es viele. Man nehme nur den Pokalwettbewerb der Fußballspieler – oder den Außenseiter-Boxer, dem der hohe Favorit den Gefallen tut und genau mit dem Kinn gegen den rechten Haken läuft – oder die vielen Überraschungen, die es bei Olympischen Spielen und Weltmeisterschaften gibt.
Es könnte am Ball liegen, der beim Tennis hin und her bewegt wird. Wenn man von der Eröffnung durch den Aufschlag absieht, wird der Ball immer von jemand anders beeinflußt: Ich dresche immer gegen diesen Ball, der von einem anderen sein Tempo, seinen Drall, seine Höhe erhielt. Und wo ich es tue, wird ebenfalls von jenem Menschen auf der anderen Seite des Netzes vorgegeben.
In genau fünfzig Prozent der Fälle ist der eine der Verlierer, weil dieses vertrackte Spiel kein Unentschieden kennt. Rein theoretisch hat dieses Spiel kein Ende. Früher, als man die Sätze nicht durch einen Tie Break beendete, gab es gar berühmt gewordene Matches, bei denen sich die Kontrahenten auf eine Teilung einigten; das ist insofern bemerkenswert, als die Pokale, die es damals gab, sich weit schwieriger teilen ließen, als etwa die Schecks, die man heute vergibt.

Zur Sache der Kasten: Wenn wir die etwa 130 Millionen Tennisspieler auf der Welt in acht Gruppen aufteilen, dann ergibt sich die recht grausame Tatsache, daß die Mitglieder der jeweils höheren Kaste gegen jene der darunter liegenden in nahezu allen Fällen mit 6:0, 6:0 gewinnen.
Eine Typisierung der Tennis-Kasten kann selbstverständlich nur recht grob erfolgen – sie ist nichtsdestotrotz kaum zu widerlegen. Selbstverständlich gelingt es dem einen oder anderen, in die nächst höhere Kaste aufzusteigen, aber das kommt weitaus seltener vor, als man gemeinhin anzunehmen bereit ist. Der Abstieg ist öfter, weil bequemer.
Erstens: Die wirklichen Stars. Hier handelt es sich um – sagen wir – hundert Herren und Damen, die in Wimbledon, Paris, Flushing Meadow oder Hamburg nicht um ihre Qualifikation bangen müssen, sondern von den jeweiligen Veranstaltern mit Freuden empfangen werden. Da über das Jahr hinweg in jeder Woche mindestens ein Turnier stattfindet, ergibt sich für diese Leute nie Beschäftigungsmangel; außerdem können sie ihren Lebensunterhalt durch die Einnahmen recht ordentlich bestreiten. Unter diesen hundert Spielern und Spielerinnen geschieht es auch, daß der Letzte an einem guten Tag den Ersten zu schlagen imstande ist. Man redet dann schon von Überraschungen, die aber gar keine sind, weil sie innerhalb der Kaste stattfinden.
Zweitens: Die Möchtegern-Stars, die Nochnicht-Stars und die Nichtmehr-Stars, die bei den weiter oben erwähnten großen Meisterschaften in den Qualifikationsturnieren scheitern. Einige von ihnen gelten in ihren Heimatländern als Meister und Meisterinnen – andere schaffen bei kleineren Turnieren gar das Viertelfinale, wo sie dann spätestens auf einen aus der Kaste darüber treffen. Weltweit sind in dieser Kaste sicherlich einige tausend zu finden. Sie folgen den kleineren Turnier-Serien, spielen genausoviel wie die in der oberen Klasse, geben hin und wieder den Präsidententöchtern der Clubs einige Unterrichtsstunden – können aber ihren Lebensunterhalt nur schlecht durch die Einnahmen aus dem Spiel bezahlen. Manchmal heiraten sie diese Präsidententöchter (oder -söhne). Dann hat die Sache auch für sie einen schönen Sinn gehabt.
Drittens: Das sind jene, die unseren Clubmeister immer noch mit 6:0, 6:0 schlagen, aber gegen jene aus der zweiten Kaste mit dem gleichen Ergebnis unterliegen. Sehr oft sind es die Kinder von Tennislehrern – unter hundert von ihnen gibt es zwei oder drei, die den Aufstieg in die höheren Kasten schaffen. Die etwas älteren sind die Tennislehrer selbst, die früher ebenfalls höher einzustufen waren und deshalb des öfteren nebenbei auch noch die Vertretung für Schuhe, Bälle und Klamotten betreiben. Wenn sie noch älter werden, gewinnen sie laufend Seniorenturniere und verärgern damit jene, die diese Turniere vorher für sich entschieden. Es ist angenehm, mit diesen

Leuten abends roten Wein oder auch ein Bier zu trinken, weil sie so schöne Geschichten von früher erzählen.
Viertens: Hier beginnt die erste ganz große Gruppe von Tennisspielern – man könnte sie mit einem Drittel aller Filzobst-Artisten definieren; auf die ganze Welt gerechnet sind das dann also ungefähr fünfundvierzig Millionen Menschen, woraus man den tröstlichen Schluß ziehen kann, daß sie immer genügend Gegner haben. Diese Leute werden Clubmeister oder unterliegen im Finale nur ganz knapp, was sie entsetzlich wurmt. Sie spielen immer in den ersten Mannschaften ihrer Clubs und tragen die wildesten Herausforderungen aus, wobei es ihnen immer wieder gelingt, vom fünften auf den dritten Platz vorzudringen – oder so.
Fünftens: Das ist das zweite Drittel, dem es nie gelingt, in die eben erwähnte erste Mannschaft aufzurücken. Manchen verschafft das Magengeschwüre – anderen ist das ziemlich wurscht, weil sie gar keine Lust dazu haben. Das bedeutet keineswegs, daß sie das Spiel nicht ernst nehmen: Tennis gehört zu ihrem Leben wie anderen der Skat- oder Kegel-Abend – sie spielen wenigstens einmal die Woche und meistens öfter –, sie tun das schon mindestens acht Jahre, und man kann davon ausgehen, daß sie es weiterhin tun werden, bis ihnen ein später Tod ihre Sterblichkeit bescheinigt. Manchmal geschieht dieses auch auf dem Tennisplatz; dann heißt es an der Clubhausbar, daß es ein schöner Tod gewesen sei.
Sechstens: Dieses ist die unterste der drei bevölkerungsträchtigen Kasten, die ebenfalls ein rundes Drittel ausmacht. Es sind sehr oft die ganz Jungen und die schon recht Alten, die im August sagen, daß sie in diesem Jahr erst drei Stunden gespielt haben. Sie sehen Tennis oft im Fernsehen – und wenn sie dann einmal auf den Platz gehen, ahmen sie den Topspin von Björn Borg nach und wundern sich, daß der Ball bei ihnen ganz andere Flugeigenschaften entwickelt. Diese Leute sind für jeden Club sehr wichtig, weil sie nicht die Plätze belegen und trotzdem pünktlich ihren Beitrag bezahlen. Außerdem gelten sie als recht gesellig, zahlen Runden an der Clubhausbar, wissen die neuesten Witze und die Speisekarten guter Restaurants auswendig. Im Hochsommer gehen sie manchmal morgens um vier direkt aus dem Clubhaus, das sie gestern nachmittag betraten, auf den Platz und tragen verzweifelte Einzel aus, deren Verlierer die Rechnung bezahlen müssen.
Siebtens: Diese kleine Gruppe hat das Spiel aufgegeben oder noch gar nicht richtig begonnen. Erstere beklagen oft einen Tennisarm – letztere fangen nächste Woche damit an, oder übernächste. Einige von ihnen behaupten zwar, vorgestern ein unvergeßliches Doppel bestritten zu haben, aber diese Nachricht sollte man immer mit Vorsicht zur Kenntnis nehmen; es sind meistens weder Augenzeugen, noch Partner, noch Resultate zu erfahren.

Achtens: Eigentlich gehört diese gewaltige Kaste gar nicht hierher, weil es sich um die Nichtspieler handelt. Hier sind jene eingeschlossen, die am Sonntagmorgen am Zaun der Anlage vorbeigehen und insgeheim beschließen, das auch einmal zu tun, was die da auf dem Platz machen; natürlich kommen sie nie dazu, weil sie von der Aufnahmesperre hörten, oder von hohen Beiträgen, oder weil die Gattin (der Gatte) sagt, daß es wirklich Wichtigeres gibt und daß man dort ja keinen kennt. Bewohner der arktischen Zonen, der hinteren Mongolei, des brasilianischen Urwalds und der weiten Savannen Afrikas sind nur bedingt zu dieser Tennis-Kaste zu zählen, weil sie noch nie davon hörten, daß es Spaß machen könnte, einen Ball über ein Netz zu prügeln.
Soweit die Tennis-Kasten, von denen einleitend gesagt wurde, daß sie genau wie die Kasten Indiens nicht dazu angetan sind, das Demokratie-Verständnis zu fördern oder wenigstens anzuregen. Wenn man von dieser These ausgeht, erscheint es immerhin bemerkenswert, daß weit über neunzig Prozent der Tennisbevölkerung aller Kasten aus Ländern kommt, die sich politisch einer demokratischen Grundordnung erfreuen und befleißigen – oder zumindest vorgeben, das zu tun. Daraus wiederum ließe sich schließen, daß tief im Herzen eines Tennisspielers ein Hang zur Diktatur verborgen ist, dem er auf diese Weise nachgibt. Andererseits kommen nur wenige Spieler aus Ländern, die man als Diktaturen bezeichnet – vielleicht, weil die Menschen dort sich nicht auch noch auf dem Tennisplatz unterdrücken lasssen wollen.
Dieses ist nicht etwa als Beispiel für politische Philosophie im Zusammenhang mit dem Tennisspiel zu betrachten, sondern lediglich als Exempel dafür, was man alles mit einer These anstellen kann.

Die Frage
oder
Herr Wirsing schlägt die beste Rückhand

In unserem Club ist Herr Wirsing ungeschlagen. Nicht etwa, daß Herr Wirsing daraus viel Gedöns macht, er trägt seine Überlegenheit mit einer gewissen Würde. Herr Wirsing ist keineswegs einer von diesen athletischen Typen, die einen zertrümmern – sein Aufschlag ist von jener trockenen präzisen Art, sein Volley eher unauffällig wirksam, seine Vorhand besitzt die nötige Härte, und wenn er die Rückhand cross über den Platz setzt, haben manche schon Vergleiche mit Connors angestellt. Ich möchte behaupten, daß die Rückhand von Herrn Wirsing der beste Schlag ist, den wir in unserem Club haben.

Eigentlich weiß niemand genau, wo Herr Wirsing sein Tennis gelernt hat. Eines Tages war ein Brief im Clubsekretariat eingetroffen, in dem Herr Wirsing um Aufnahme bat. Obgleich wir natürlich eine Warteliste haben, wurde Herr Wirsing ein wenig vorgezogen, weil er Abteilungsleiter in der Firma des Präsidenten war – wir hätten natürlich den Präsidenten fragen können, woher er Herrn Wirsing holte, aber als Herr Wirsing erst einmal bei uns spielte, dachte niemand mehr daran. Herr Wirsing ist einer von den adretten Spielern, wie wir sie gerne bei uns haben: Immer alles schnieke in Weiß, nie ein lautes Wort auf dem Platz, und bei den Clubfesten tanzt er immer mit seiner Frau, einer Person, die noch unauffälliger ist als Herr Wirsing selbst.

Wenn wir morgens manchmal auf der Terrasse sitzen, drehen sich viele Gespräche um Herrn Wirsing und seine Unschlagbarkeit. Wir haben seine Überlegenheit längst als eine Selbstverständlichkeit hingenommen – so wie das Wetter. Wenn man weiß, einer hat gegen Herrn Wirsing auf einem der hinteren Plätze gespielt und kommt nun aus der Dusche, um sich zu uns zu setzen, so fragt keiner: „Wie hast Du gespielt?“ Es heißt immer: „Wie viele Spiele?“ Und der andere antwortet: „Vier!“

Vier Spiele gegen Herrn Wirsing zu gewinnen, ist schon das Beste, was einer bei uns vorweisen kann, es kommt nicht allzu oft vor. Vier Spiele gegen

Herrn Wirsing ist immer noch besser, als 6:2 gegen Herrn Geiger zu gewinnen, der nicht so besonders zu uns paßt. Man kennt das ja: Die Frau ein bißchen zu viel Make-up, der Wagen ein bißchen zu klotzig, die Kinder ein bißchen zu laut, das Trinkgeld immer ein bißchen zu hoch. Sonst ist gegen Herrn Geiger wirklich nichts zu sagen, auch mit seinem Beitrag ist er immer auf dem laufenden. Aber wenn wir dasitzen und unser Cola mit Zitrone trinken, reden wir nie von Herrn Geiger, sondern meistens von Herrn Wirsing. Wenn einer einen Gast mit in den Club bringt, zeigt man ihm Herrn Wirsing – und wenn einer die Kinder dabei hat, zeigt er auf den Platz, wo Herr Wirsing spielt: „Schau – dort spielt Herr Wirsing!"
Ich mag diese Vormittage auf der Terrasse ganz gern, weil sie einer Etikette unterliegen, die in unserem Club besonders stark entwickelt ist. Ich mag solche Traditionen, die in Jahrzehnten gewachsen sind und als ungeschriebene Gesetze von jedermann eingehalten werden. Man kommt beispielsweise nicht aus der Dusche und prahlt: „Ich habe Ypsilon geschlagen, 6:3!" Ich mag es, wenn sich einer hinsetzt und erst redet, wenn er gefragt wird: „Wie ging es?" Dann antwortet der andere: „6:3 – aber Ypsilon hat viel Pech gehabt!" Noch besser ist, wenn der andere hinzufügt: „Aber gegen Wirsing hätte ich keine Chance gehabt!" In einem solchen Fall senken wir alle die Köpfe und denken an die Rückhand von Wirsing. Im Hochsommer, wenn alle unter der Hitze leiden, kann es eine Weile dauern, bis einer die Frage stellt – Herr Geiger besitzt oft nicht die nötige Geduld, was ich an ihm ebenfalls nicht besonders leiden kann. Vor allem, wenn wir Vergleiche zwischen der cross geschlagenen Rückhand von Connors und jener von Herrn Wirsing ziehen, halte ich es für ausgesprochen stillos, mit einem Ergebnis herauszuplatzen, welches nichts mit unserer Unterhaltung zu tun hat. Ich glaube, Herr Geiger kennt meine Mißbilligung. Er hat mich jedenfalls noch nie belästigt, wenn ich allein auf der Terrasse saß und kein anderer Gesprächspartner verfügbar war.
Der Morgen, an dem ich sah, wie Herr Geiger gegen Herrn Wirsing gewann, wird mir unvergeßlich bleiben. Es war so, daß ich schon um sieben aufgestanden war, um gegen acht, halbneun einen Satz zu spielen. Ich traf mich mit Herrn Wackermann – einem netten älteren Herrn mit sehr schönen, aber nicht besonders wirkungsvollen Schlägen. Ich gewann 7:5. Es muß so um zehn gewesen sein, als ich frisch geduscht aus dem Umkleideraum kam und mich auf die Terrasse setzte, um eine Cola mit Zitrone zu trinken; Frau Holbein, die die Bewirtschaftung des Clubhauses mit ihrem Gatten erledigt, brachte das kühle Getränk. Es versprach ein warmer Tag zu werden.
Man hat von diesem schattigen Ort einen sehr guten Blick auf den Platz, auf dem sich Herr Wirsing und Herr Geiger gegenüberstanden. Ich bewunderte

wiederum die flüssige Eleganz in den Schlägen von Herrn Wirsing und fand die Lässigkeit, mit der Herr Geiger dem Spiel nachging, ein wenig übertrieben. Natürlich war ich über den Spielstand nicht unterrichtet – der Platz lag auch zu weit entfernt, um vernehmen zu können, welchen Score sich die beiden Kontrahenten zuriefen. Ich saß da und fühlte mich sehr wohl bei der Betrachtung der Herren Wirsing und Geiger.
Da bemerkte ich, wie Herr Wirsing einen Rückhandball (die beste Rückhand in unserem Club) etwas zu spät schlug – der Ball prallte ins Netz. Herr Wirsing und Herr Geiger trafen sich in der Platzmitte, drückten sich die Hände und schritten dann zu der Bank, wo sie ihre Siebensachen einpackten. Es dauerte einen Moment, bis ich die ganze Tragweite meiner Beobachtung voll begriffen hatte. Aber es bestand kein Zweifel: Herr Wirsing hatte den letzten Ball ins Netz geschlagen – er war von Herrn Geiger besiegt worden. Ausgerechnet von Herrn Geiger.
Herr Geiger trat eine halbe Stunde später auf die Terrasse, blickte sich suchend um und trat an meinen Tisch, fragend, ob es gestattet sei. Er bestellte einen Apfelsinensaft und ein kleines Fläschchen Sekt, nicht ohne Frau Holbein darauf hinzuweisen, daß der Saft frisch gepreßt sein solle. Mir erschien die Situation als typisch für Herrn Geiger. Nach einer Weile fragte er mich: „Wie haben Sie gespielt?“ Ich antwortete: „7:5 – gegen Herrn Wackermann. Aber er mußte schnell wieder fort. Die Frau fühlt sich nicht wohl – vielleicht war er deshalb ein wenig unkonzentriert!“ Das Protokoll unseres Clubs hätte es nun verlangt, daß ich Herrn Geiger frage, wie er gespielt habe – aber ich sagte: „Es scheint ein heißer Tag zu werden!“
Mangels anderer Gesprächspartner gab sich Herr Geiger so schnell nicht geschlagen: „Nur 7:5? Herr Wackermann spielt zwar schön, aber nicht besonders druckvoll!“ Und nach einem Weilchen: „Wie haben Sie eigentlich zuletzt gegen Herrn Wirsing gespielt?“ Dieses war offensichtlich eine Falle – ich wich aus: „Hatte zwei Spielbälle zum 3:0, aber dann doch verloren – 2:6! Ist aber schon 'ne Weile her!“ Jetzt wäre unbedingt die Reihe an mir gewesen, Herrn Geiger nach seinem Ergehen gegen Herrn Wirsing zu fragen, aber ich stand auf und sagte: „Muß den Wagen in den Schatten fahren. Hält man ja sonst nicht aus, wenn die Sonne draufscheint!“ Ich ging, nicht ohne vorher bei Frau Holbein meine Rechnung zu bezahlen. Auf dem Parkplatz traf ich die Maiers, die gerade erst eintrafen – netter Mann, der Maier, nette Frau, die Tochter ein bißchen spinnig, aber auch nett: „Sie wollen doch wohl nicht schon gehen? Dachten, wir könnten vielleicht ein kleines Mixed...!“ Ich sagte: „Aber gerne!“
Ich war nicht besonders konzentriert, was Frau Maier bewog, mir schelmisch mit dem Finger zu drohen: „Gestern eine lange Nacht gehabt,

wie?" Ich sah hinter ihr Herrn Geiger auf der Terrasse sitzen. Er las eine Zeitung, und ich dachte, nachher werde ich ihn fragen, wie er gegen Herrn Wirsing gespielt hat. Ich verlor an der Seite von Frau Maier einen Satz gegen Herrn Maier und der spinnigen Maier-Tochter. Und dann noch einen, obgleich die Maiers mir ihre Tochter als Partnerin zuteilten. Herr Geiger auf der Terrasse hatte die Zeitung nun beiseite gelegt und schaute uns zu. Es war auffallend wenig los in unserem Club an diesem Vormittag – vielleicht waren viele wegen des schönen Wetters in die Berge gefahren. Ich beschloß, Herrn Geiger gleich nachher zu fragen, wie er gegen Herrn Wirsing gespielt habe. Herrn Wirsing konnte ich übrigens nirgendwo entdecken.

Als wir endlich aufhörten, war es schon unangenehm heiß geworden. Die netten Maiers verabschiedeten sich; sie äußerten die Absicht, ein Gartenlokal aufzusuchen, um dort zu Mittag zu essen. Vielleicht würden sie am Abend noch einmal hereinschauen. Ich fühlte mich ein wenig müde, als ich zum zweiten Mal frisch geduscht an diesem Vormittag auf die Terrasse trat, wo mittlerweile doch ein halbes Dutzend Leute herumsaßen und von Frau Holbein mit Cola mit Zitrone versorgt wurden. Ich setzte mich zu ihnen. Nach einer Weile fragte jemand, wie ich gespielt habe. Ich sagte: „7:5 – gegen Herrn Wackermann! Aber er wirkte sehr unkonzentriert – seine Frau ist erkrankt – mußte auch gleich wieder weg!" Einer meinte: „Schöne Schläge hat der Wackermann, aber zu wenig Druck. Wenn ich da an die Rückhand von Herrn Wirsing denke – wie Connors!" Wir stellten eine Weile Vergleiche zwischen der Rückhand von Herrn Wirsing und Connors an. Herr Geiger war nirgendwo zu sehen. Wahrscheinlich werde ich ihn morgen fragen, wie er gegen Herrn Wirsing gespielt hat.

Psychomodelle
oder
Über die Typisierung von Persönlichkeiten

Was das folgende Kapitel anbetrifft, so gebe ich gerne zu, daß es mich ungefähr vier Kilo Literatur, fünfzehn Liter Kaffee und sehr viele Selbstzweifel kostete. Ich weiß jetzt sehr viel über Hysteriker, Dysthymiker, Psychopathen, Introvertierte, Extraversion, Labilität und Stabilität – ich vermag die Merkmale von Melancholikern, Cholerikern, Phlegmatikern und Sanguinikern fast lückenlos aufzusagen. Natürlich ist der letzte Satz eine schamlose Lüge: Ich habe nicht die Spur einer Ahnung, wie das alles funktioniert, was mich im gnadenlosen Selbstversuch vom Sanguiniker zum Melancholiker werden ließ, der zwischendurch zu cholerischen Perioden neigt.
Es erschien mir ein leichtes, die Typisierung von Persönlichkeiten auf das Tennisspiel zu übertragen, nachdem ich die Verhaltensweisen solch berühmter Spieler wie dem Amerikaner John McEnroe und dem Schweden Björn Borg gegeneinanderstellte. Um bei der Wahrheit zu bleiben: Es geht nicht – wenigstens nicht bei mir.
Jeder wird da den Krauskopf McEnroe zu den Cholerikern zählen, weil er reizbar erscheint, aggressiv, erregbar, impulsiv, unruhig und aktiv. Aber dann habe ich ihn außerhalb des Tennisplatzes gesehen, Schlips und Sakko tragend, wo er mir als umgänglicher Partygänger erschien, gesprächig, unbekümmert, lebhaft – das sind alles Merkmale für einen Sanguiniker.
Andererseits genoß dieser Topspin-König Borg den Ruf eines Phlegmatikers – einem Typ, dem man Passivität, Vorsicht, Rücksicht, Friedlichkeit, Kontrolle, Verläßlichkeit, Ausgeglichenheit und Ruhe unterstellt. Wie aber läßt sich das vereinbaren mit jener Aggressivität und Impulsivität, ohne die ein Spieler noch niemals ein Match gewann?
Der Schluß, der aus diesen Beobachtungen zu ziehen wäre, kann nur dorthin weisen, daß dieses Spiel die Persönlichkeiten verändert. Und zwar immer wieder aufs neue: Einer, der die ganze Woche als freundlicher

Mensch gilt, kann nach dem Betreten eines Tennisplatzes zu einem gewaltigen Muffel mit Mordambitionen werden – und umgekehrt. Das wiederum würde bedeuten, daß dieses Spiel zu einer Bewußtseinsspaltung führt, die in den erwähnten vier Kilo Literatur als schlichte Schizophrenie bezeichnet wird. Da dieses eine Krankheit ist, mit der man nicht spaßen sollte, wäre das generelle Verbot des Tennisspiels eine logische Folge. Da derartiges aber selbst von so klugen Menschen, wie es Gesundheitsminister sind, noch nie ernsthaft ins Auge gefaßt wurde, muß man zu der Überzeugung gelangen, daß diese so logisch klingende Folgerung falsch ist. Vielleicht liegt es auch daran, daß Gesundheitsminister gerne Tennis spielen.

Eine Zeitlang gab ich mich der Meinung hin, bei der Betrachtung von Psychologie und Tennis eine aufsehenerregende Entdeckung gemacht zu haben: Die Überschneidungen von Persönlichkeiten und ihrer jeweiligen Veränderungen brachten mich zu der Überzeugung, daß es melancholische Choleriker und cholerische Melancholiker geben müsse. Eine Entdeckung, die selbstverständlich auch phlegmatische Choleriker, sanguinische Melancholiker, cholerische Phlegmatiker oder melancholische Sanguiniker nach sich ziehen muß.

Der Traum, durch die Schaffung neuer Begriffe wie Phleguiniker, Sancholiker oder Melancholerikaner Unsterblichkeit zu erlangen, wird mir aber wahrscheinlich nicht erfüllt, da ich mich nicht getraute, in Konkurrenz zu Persönlichkeitsforschern zu treten, die imstande sind, Sätze zu bilden, die beispielsweise wie folgt lauten: ‚Persönlichkeit ist die dynamische Ordnung derjenigen psychophysischen Systeme im Individuum, die seine einzigartige Anpassung an seine Umwelt bestimmt' (Allport). Wie bringt man so etwas in einen Zusammenhang mit John McEnroe oder Chris Evert?

Es bleibt selbstverständlich die Möglichkeit, sich selber Menschen zu schreiben, die alle typischen Merkmale einer Persönlichkeit aufweisen. Dazu muß man wissen, daß ein Mann namens Catell (er war nicht bei jenen vier Kilo dabei) herausfand, daß es 18000 Bezeichnungen für menschliche Eigenschaften gibt, von denen allein 4500 zur Beschreibung von Persönlichkeitsmerkmalen dienen. Wissen Sie, wieviel 18000 Worte sind? Auf einer Seite dieses Bandes stehen 350!

Schreiben wir uns einen phlegmatischen Tennisspieler zusammen, so müssen wir zu folgendem Bild kommen: Grundsätzlich bleibt er hinten stehen und löffelt auf die passivste Art und Weise den Ball in das andere Feld. Er gilt als außerordentlich vorsichtig, was immerhin dazu führt, daß ihm nie ein Doppelfehler unterläuft – allerdings auch nie ein Aufschlag-As. Wenn der andere bei heißer Witterung in der Nähe eines Hitzschlages wankt, wird er ihm rücksichtsvoll gestatten, zwischendurch Erfrischungen zu sich zu nehmen. Falls man daran geht, dieses Menschenkind davon zu überzeugen, daß ein Ball, der einen halben Meter im Aus war, doch noch ‚drin' war, wird es wahrscheinlich des lieben Friedens willen darauf eingehen. Es wird nie geschehen, daß dieser Mensch die Kontrolle verliert – außerdem wird er pünktlich um dreiviertelsieben da sein, wenn man um dreiviertelsieben verabredet ist. Er ist ausgeglichen und ruhig. Auf den ersten Blick ist das also eine Tennis-Type, der man nicht die geringsten Erfolgsaussichten einzuräumen imstande ist. Doch gemach: Ich kenne solche, die haben den Keller voller Pokale, weil sie nie gravierende Fehler machten, sondern einfach immer den Ball zurückbrachten – und wenn die Statistik stimmt, werden achtzig Prozent aller Punkte beim Tennis durch Fehler des anderen gewonnen, nicht etwa durch unannehmbare längs der Linien gefetzte Drives ...

Oder setzten wir die Choleriker daneben, von denen seltsamerweise immer angenommen wird, daß sie zu Übergewicht neigen und einen roten Kopf haben. Ein Choleriker zeichnet sich auch durch Aktivität aus und durch Optimismus – wer hat denn nicht schon einmal einen kennengelernt, dessen optimistisches Selbstbewußtsein schon vor dem ersten Ball zur Verunsicherung des Gegners führte? Choleriker gelten als aktiv – und wer aktiv ist, gilt auch als schöpferisch: Vielleicht würden wir ohne Choleriker heute noch mit Wollknäueln spielen und keine Ahnung von der Funktion eines Gummiballs haben?! Natürlich sind sie unruhig – sie sind reizbar und aggressiv – aber jeder, der sich für die Stars dieses Spiels auch nur entfernt interessierte, weiß auf Anhieb ein halbes Dutzend von Weltklasseleuten aufzuzählen, auf die das zutrifft. Ist Jim Connors ein Choleriker? Oder Ilie Nastase? Oder John McEnroe? Warum fallen einem da eigentlich nicht so schnell einige Damen ein? Choleriker werden bereits zu den Psychopathen gerechnet. Muß man deswegen erfolgreiche Tennisspieler ebenfalls ... – nein, das geht denn doch wohl nicht.

Oder den Melancholiker: Er soll schweigsam sein, was ja noch nicht gegen eine ordentliche Rückhand spricht – mangelnde Umgänglichkeit, Zurückhaltung, Strenge und Nüchternheit tun das auch nicht. Warum soll er einen risikoreichen Stop spielen, wenn es durch ein schmuckloses Volley auch geht – warum soll er dem anderen zugestehen, die Regeln zu übertreten, wenn er dadurch seine eigenen Chancen dahinschwinden sieht? Diese Persönlichkeit soll außerdem launisch sein – welche Diva ist das nicht? Und ängstlich: Es heißt, daß die große Martina Navratilova angesichts aller Lurchtiere in helles Entsetzen ausbricht – aber da diese Viecher nur selten an den Grundlinien irgendwelcher Tennisplätze ihr Unwesen treiben, tut das ihrer linkshändig geschlagenen Vorhand nicht den geringsten Abbruch. Oder hat schon einer Krokodile im Pariser Stade Roland Garros oder

Wimbledons Centre Court gesehen? Nur eine der Eigenschaften gibt zu denken: Melancholiker gelten als pessimistisch. Aber da gibt es gerade bei diesem Spiel Leute, die einem schon im Umkleideraum auf den Wecker fallen mit ihren Verletzungen, mit ihrem völlig verlorenen Ballgefühl und dem Hinweis, daß sie eigentlich gar nicht erst auf den Platz zu gehen brauchen, weil sie ja nicht gewinnen können. Lampenfieber nennt man das – und ich kenne Dutzende von Schau- und Tennisspielern, die vor lauter Lampenfieber vorher nicht aus dem Klo kommen. Aber sie sind Klasse, wenn's losgeht.

Ich glaube, daß die normalsten Menschen die schlechtesten Tennisspieler sind – wie etwa die Sanguiniker. Es heißt, sie seien unbekümmert, sorglos, lebhaft und gesprächig. Ich stelle mir vor, daß sie einfach draufhauen und sich den Teufel darum scheren, wo der Ball landet. Sie können zwar empfindlich sein, aber wer ist das nicht? Aber man sagt ihnen auch nach, daß sie umgängliche Partygänger sind – wahrscheinlich sind es jene, die bei uns im Club den besten Platz an der Bar haben, Unterlegene wieder aufrichten, Sieger bestärken und selbst nur die Führung übernehmen, wenn zu später Stunde der verhängnisvolle Satz fällt: „Jetzt gehen wir noch zu uns!"

Um noch einiges von dem durch vier Kilo Literatur gespeicherten Wissen weiterzugeben, sei noch erwähnt, daß Melancholiker und Phlegmatiker zu den Introvertierten gehören, während man Choleriker und Sanguiniker als Extrovertierte bezeichnet – andererseits sollen Phlegmatiker und Sanguiniker als ‚normal' angesehen werden, während Melancholiker und Choleriker bereits Hysteriker sind. Soll ich auch noch sagen, wo die Labilen und wo die Stabilen sind?

Unter den dreißig Millionen Tennisspielern in den USA ist der Prozentsatz von Psychologen und Psychiatern überdurchschnittlich hoch. Das kann natürlich daran liegen, daß es dort sehr viele Leute dieses Berufsstandes gibt, bei denen das Sofa als Arbeitsgerät und nicht als Faulenzerkiste steuerlich absetzbar ist. Warum gehen die aber ausgerechnet zum Tennis? Warum joggen sie nicht, oder spielen Pingpong oder segeln? Gehen sie zum Tennis, weil sie studieren wollen, um weitere Kilo jener Literatur zu schreiben, deren Studium mich so viel Zeit kostete? Ich habe da so meine Zweifel, weil es ja auch Leute gibt, die frech behaupten, ein Bordell nur zu Studienzwecken zu besuchen und dann jahrelang davon erzählen. Ist das also ein grandioser Selbstversuch? Sind sie Objekt oder Subjekt?

Am liebsten wäre es mir, ich hätte niemals den Gedanken gehabt, Tennis-Typen in Zusammenhang mit Persönlichkeitsbeschreibungen zu beobachten. Dann hätte ich mir den Unwillen einer ganzen Branche ernsthaft studierter Forscher erspart – und auch jene Blicke, die ich neuerdings

manchmal spüre, wenn ich ganz harmlos nur mal eben so zuschaue: Was ist das eigentlich für ein Typ, der daraus ein Buch zusammenschreibt?
Ich beantworte hiermit diese Frage mit aller mir zur Verfügung stehenden Offenheit: Ich weiß es nicht.

Vitamin E
oder
Über den Wert des Intelligenz-Quotienten

Manche Tennisspieler der Weltklasse schwören auf Vitamin E. Was es wirklich damit auf sich hat, weiß der liebe Himmel. Aber sie sagen, es würde ihrer Psyche helfen. Sie fressen das Zeug und behaupten, es hätte ihr Spiel von Grund auf revolutioniert. Selbstverständlich haben gescheite Menschen das sofort untersucht, weil solche Leute immer alles untersuchen. Sie fanden auch nicht den geringsten Beweis dafür, daß Vitamin E das Tennisspiel in irgendeiner Weise beeinflußt – weder positiv noch negativ. Nun sagen die Tennisspieler, die so etwas zu sich nehmen, daß jene Forschertypen nicht die Spur einer Ahnung haben. Da aber Menschen aus solch verschiedenartigen Gesellschaftsschichten sich niemals begegnen, sind körperliche Auseinandersetzungen über diese strittige Frage bisher ausgeblieben. Die Tennisspieler fressen weiter Vitamin E, wahrscheinlich weil der Gegner das auch tut. Da dieses Spiel aber nicht nach dem Vitamin-Konsum entschieden wird, sondern nach einer zugegebenermaßen völlig bescheuerten Zählweise von Punkten, sind genau fünfzig Prozent aller Spieler zu den Verlierern zu zählen. Da sie gesund und munter sind, schadet das Zeug wohl nicht. Es nutzt sogar dem Hersteller von Vitamin E, von dem anzunehmen ist, daß er sich in Tenniskreisen auskennt. Das Gerücht, daß man auf die Packung mit den Pillen eigentlich alles draufschreiben und die Zusammensetzung des Präparats genausogut aus Traubenzucker und Kreide bestehen könnte, ist selbstverständlich eine böse Unterstellung. Eine gewisse Logik läßt sich aber keineswegs abstreiten.

In diesem Zusammenhang komme ich auf den Intelligenz-Quotienten eines Tennisspielers zu sprechen. Der Intelligenz-Quotient ist – so glaube ich – eine amerikanische Erfindung und wird kurz als IQ bezeichnet. Auf deutsch nennt man das ‚Ai-Kju'.

Obgleich es sicherlich nicht gerade zur Erhöhung meines Rufes beiträgt, muß ich zugeben, nicht viel von Intelligenz-Quotienten zu verstehen. Ich habe das so verstanden, daß kein Mensch da auf einen IQ von Null kommt –

es sei denn, er sei tot. Menschen zwischen siebzig und achtzig sollen angeblich beim Lesen die Lippen bewegen und auch sonst nicht gerade zu den blendenden Figuren der Wissenschaft gehören. Solche mit einem Ai-Kju von 160 oder so nähern sich wohl bereits jener Grenze, in der man die Einsteinsche Relativitätstheorie nicht nur begreift, sondern eventuell sogar widerlegt.

Was nun das Tennisspiel angeht, so kann man wohl sagen, daß ein bißchen Klugheit nicht gerade schadet. Intelligenz tut ja auch nicht weh, sie sorgt für kein Übergewicht und ist so ungefähr das leichteste Reisegepäck, das man sich denken kann. Nun ist es aber so, daß ich schon Universitätsprofessoren von hohem Rang beim Tennisspiel beobachtete, die sich so dämlich benahmen wie ein Siebzehnjähriger, der unbedingt die Gattin des Clubpräsidenten verführen will. Und ich habe bereits Meister dieses Spiels erlebt, denen ich nach zwei verlorenen Sätzen eine geniale Änderung der Strategie unterstellte, die tatsächlich im fünften Durchgang zu einem glänzenden Sieg führte – aber im Gespräch mit diesen Helden stellte ich fest, daß sie Shakespeare für eine originelle Biermarke hielten, das kleine Einmaleins nur mittels eines Taschencomputers bewältigten und Stil von dem Verb ‚stehlen' herleiteten. Wobei das letztere gar nicht so dämlich ist.

Angeblich hat der britische Tennisverband eine Untersuchung angestellt, die den IQ von Tennisspielern zum Gegenstand hatte. Herausgekommen ist bei dieser nicht gerade preiswerten Forschungsarbeit das gleiche, was ich bei meinen vergleichsweise weniger aufwendigen Beobachtungen feststellte. Und der britische Verband vermochte mit dem Ergebnis offensichtlich auch nichts anzufangen: Sonst hätte es ja wohl von dort endlich 'mal wieder einen Weltmeister gegeben.

Ob diese Überlegungen einen Sinn für das bevorstehende Clubturnier haben, ist fraglich. Unser Meister ist ein tumber Tor, der sich den Teufel um Strategien und Taktik kümmert, sondern einfach draufhaut. Wer braucht schon Strategie, wenn er jeden Ball mit Karacho in die entferntesten Ecken des Platzes setzt? So einer schläft vor einem Match den Schlaf des Gerechten, während andere sich ruhelos wälzen. Übrigens ist die Benutzung der Phrase vom ‚Schlaf des Gerechten' hier völlig sinnlos: Solche Menschen haben keinen Sinn für Gerechtigkeit! Ich glaube, es gibt da eine einigermaßen sinnvolle Theorie: Solche Menschen besitzen eine einspurige Intelligenz – und auf dieser Einbahnstraße bewegt sich lediglich Tennis. So wie Autorennfahrer genau wissen, daß sie mit keinem Gegenverkehr zu rechnen haben und aus den Seitenstraßen niemand plötzlich einbiegt. Weil es nämlich keine Seitenstraßen gibt. Womit ich natürlich nichts über die Intelligenz von Autorennfahrern gesagt haben will – die müssen damit selbst zurechtkommen. Aber bei den Tennisspielern nennt man solche

Einspurigkeit dann wohl Konzentration. Vielleicht hat damit sogar das Vitamin E (E wie Einspurigkeit) zu tun.
Selbstverständlich weiß man aus der Zeitung, daß in manchen Ländern die sportlichen Siege so hoch geschätzt werden, daß man bereits Kinder auf ihre künftige Eignung hin testet. Sicherlich hat das einiges für sich: Wer möchte nicht gern von seinem dreijährigen Sohn wissen, ob er einmal alle Anlagen besitzen wird, ein zweiter Björn Borg zu werden? Derartige Tests beinhalten dann vielleicht das Malen eines Apfelbaums oder eines Flugzeugs, man muß ganz schnell gewisse Fragen beantworten, die auf einem Bogen vorgeschrieben werden – oder man untersucht Verhaltensweisen in Konkurrenz-Situationen mit anderen, was ja einleuchtend ist, denn wer vor lauter Freundlichkeit seinem lieben Nächsten gegenüber das höchste der Gefühle darin sieht, zu unterliegen, wird kaum in Wimbledon über die erste Runde kommen. Interessant ist in diesem Zusammenhang höchstens noch, daß diese Tests für Dreijährige sich kaum von jenen unterscheiden, mit denen gewaltige Industrie-Konzerne ihre ebenso gewaltigen Direktoren einstellen.
Ich habe in England einmal beim britischen Verband nachgefragt, wie denn so etwas geht, und erhielt auch bereitwillig Auskunft. Bei einem Test beispielsweise mußte man verschiedenartig geformte kleine Stücke in die entsprechenden Löcher stecken – das Ganze wurde mit Stoppuhren gemessen. Ich unterzog mich dieser Prüfung, und es stellte sich endlich heraus, warum ich nie und nimmer so erfolgreich wie Björn Borg sein konnte. Beim Werfen verschiedener Bälle gegen eine Wand allerdings erzielte ich Werte, die weit über jenen von Jim Connors lagen. Mein Ai-Kju reicht nicht aus, um daraus die richtigen Konsequenzen zu ziehen.

Realismus
oder
Kein Grund zu Optimismus

Ein guter Tennisspieler mit schlechtem Charakter erzielt bessere Ergebnisse als ein schlechter Tennisspieler mit gutem Charakter

*

Ein Gebet für einen Sieg vermag den Glauben an die Allmacht stark zu erschüttern

*

Wer immer erwartet, geschlagen zu werden, erlebt wenigstens keine bösen Überraschungen.

*

Wenn der Gegner Dir ‚zwei Neue' anbietet, kannst Du sicher sein, daß der Ball ‚in' war.

*

Wenn der Clubmeister Dir anbietet, mit ihm zu spielen, kannst Du sicher sein, daß er Dir eine Versicherung verkaufen will.

*

Erfreue Dich beim Einschlagen vor dem Match solange es geht. Deine Schläge werden dadurch nämlich nicht besser sein.

*

Dein Doppelpartner wird sich an keines der zwanzig Aufschlag-Asse von Dir erinnern – aber das leichte Volley beim Matchball, das Du ins Netz schlugst, wird er nie vergessen.

*

Deine Fähigkeit, glaubhafte Entschuldigungen vorzubringen, wird Dir mehr Ruhm einbringen als alle Deine Schläge

*

Wenn Dein Gegner Dir zu oft die Punkte nach zweifelhaften Bällen gibt, weiß er, daß er Dich schlagen wird.

*

Wer seinem Ehegespons beim Mixed gerade die Anweisung gegeben hat, wie man es besser macht, kann sicher sein, den nächsten Ball ins Netz zu schlagen.

*

Glaube nie, daß der Schmetterball, den man Dir an den Kopf setzt, ein Zufall war. Nimm es hin.

*

Deine Geliebte wird mit jemand anders immer ein besseres Mixed spielen.

*

Keine Bange: Eine Saite wird Dir in dieser Saison nur reißen, wenn Du im dritten Satz im Tie Break bist.

*

Der Kerl (das Mädchen), der (die) Dir den Freund (Freundin) ausspannt, sieht aus wie Jean Paul Belmondo (Raquel Welsh) und spielt Tennis wie John McEnroe (Chris Evert).

*

Wenn einer kommt und versucht, Dir beizubringen, daß er nur ‚aus Spaß' spielt, rufe sofort die Polizei.

*

Das einzige Mal, wo Du Dich beim Öffnen der Balldose gefährlich schneiden wirst, ist vor dem Finale der Clubmeisterschaft.

Figuren
oder
Warum Tennis etwas mit Eiskunstlauf zu tun hat

Wenn Sie Herrn Rasch einmal beim Aufschlag gesehen haben, wissen Sie genau, was ich meine. Herr Rasch hält den Ball vor sich auf der flachen Hand, als ob er ihn wiegen würde. Dann folgt eine tiefe Ausholbewegung, und er wirft das filzige Ding ungefähr acht Meter hoch. Während der Ball also seine lange Luftreise unternimmt, beginnt Herr Rasch mit dem Schläger zu rühren, als sei er verantwortlich für den nahrhaften Inhalt einer gewaltigen Gulaschkanone – er rührt zuerst vor sich etwa in Kniehöhe, dann rührt er weiter sittlich, bis er mit dem Schläger endlich hinter den Kopf gerät. Unterdessen hat sich der Ball wieder gesenkt – in dem Moment, in dem er sich etwa in der Höhe des Kopfes von Herrn Rasch befindet, geschieht etwas, was selbst Fachleute für körperliche Koordinierung niemals zu erklären vermochten: Irgendwie schnellt plötzlich der Schläger aus seiner Rühr-Bewegung heraus, trifft den Ball, der alsdann nach leisem Plop tatsächlich meistens den Weg in das richtige Feld auf der anderen Seite des Netzes antritt. Wenn ich es mir genau überlege, erinnere ich mich nicht, jemals Herrn Rasch bei einem Doppelfehler überrascht zu haben. Ganz im Gegenteil: Die Ausbeute von Herrn Rasch an Aufschlag-Assen ist relativ hoch; ich bin mir allerdings nicht ganz im klaren darüber, ob es nicht meistens die Verblüffung ist, die den Rückschläger geradezu lähmt. Das Seltsame ist, daß Herr Rasch alle anderen Schläge so ausführt, wie wir es alle tun. Nur sein Aufschlagsrhythmus ist auf der Welt einmalig. Herr Rasch ist nur ein Beispiel von vielen dafür, daß Tennis sehr oft etwas mit dem Eiskunstlauf zu tun haben muß. Die Beinstellung vieler Freunde ist bei der Durchführung noch so schwieriger Schläge manchmal nur mit einem doppelten oder dreifachen Rittberger zu erklären, gar nicht zu reden von diesen anderen Sprüngen, die so schöne Namen wie Axel, Salchow oder Lutz haben.

Frau Hirner in unserem Club etwa pflegt in besonders harmonischen Posen einfach zu erstarren: Sie holt aus wie ein ganz normaler Mensch – aber

wehe, wenn sie den Ball richtig getroffen hat. Dann bleibt sie in der Stellung nach dem Durchschwung stehen wie Lots Weib, allerdings viel graziöser. Den vorderen Fuß voll aufgesetzt, den hinteren auf den Zehenspitzen balancierend, den Schlagarm nebst Schläger weit nach vorn oben gestreckt, die andere Hand in Höhe des Hinterkopfes kokett emporgestreckt – so sah man es bisher nur von der Pawlowa in Schwanensee oder bei erstklassigen Florettfechterinnen. Das Schlimme ist nur, daß Frau Hirner diese sehr schöne Freikörperkulturpositur so lange beibehält, bis der Ball von der Gegnerin längst an ihr vorbeigeflogen ist. Es hat sich herumgesprochen, daß man Frau Hirner nur Gelegenheit geben muß, einen ausgesprochen edlen Ball zu schlagen – dann hat man den Punkt schon sicher. Frau Hirner nimmt in unserem Club auf der Rangliste keinen der vorderen Ränge ein.
Wahrscheinlich gehört es zu den grundsätzlichen Entscheidungen des Tennislebens, entweder schön oder erfolgreich zu spielen. Beides miteinander gelingt nur in den seltensten Fällen. In der Weltklasse der vergangenen Jahrzehnte ist mir niemand geläufig.
Einer der klassischen Schläge, die ebenfalls beim Zuschauer allerhöchstes Erstaunen auslösen, ist der Schmetterball. Manche Tennislehrer vertreten die Meinung, man müsse mit dem Zeigefinger auf den hoch herankommenden Ball zeigen – so als wolle man auch alle anderen Anwesenden auf die nahende Gefahr aufmerksam machen. Das tun viele so intensiv, daß sie darüber den Schlag vergessen. Andere wiederum hüpfen bereits, wenn der Ball noch weit entfernt ist – wahrscheinlich glauben sie, dort oben, ledig aller Schwerkraft, ein wenig verweilen zu können. Leider habe ich noch nie gesehen, daß das klappt – und in dem Moment, da sie der Boden wieder hat, fliegt der Ball in ruhiger Bahn darüber hinweg. Noch einmal andere hauen einfach drauf: Gegen solche Menschen hilft nur absolute Deckung. Das gilt nicht nur für die Gegner drüben, sondern auch für eventuelle Zuschauer und Passanten, sogar für den Partner im Doppel. Man glaubt nämlich gar nicht, wie groß die Streukraft solcher Gewaltschläge ist und wie weh sie tun.
Was das Volley anbetrifft, so gefällt mir besonders die Schlägerhaltung von Alfred Sensenmann. Ich habe mir lange überlegt, bei welchen Gelegenheiten ich derartiges schon sah – schließlich ist es mir eingefallen: Alfred Sensenmann hält den Schläger so, wie man der Frau des Hauses beim Besuch den Blumenstrauß überreicht. Aber man glaubt gar nicht, welche Effektivität er mit dieser eigenwilligen Schlägerhaltung zu erreichen vermag. Er trägt diesen Blumenstrauß im Geschwindschritt zum Netz und erreicht durch ein Drehen des Unterarms alsdann eine Wirkung, wie man sie auch gut funktionierenden Scheibenwischern nachsagt. Es ist sehr schwer, gegen einen Scheibenwischer einen ordentlichen Passierschlag

anzubringen. Vor allem, wenn man – wie Alfred Sensenmann – diese Haltung zur Perfektion entwickelt hat.
Bedauerlicherweise sind neuerdings Maschinen in den Handel gekommen, mit denen sich Video-Bänder herstellen lassen. Jedermann vermag sich auf Grund irgendwelcher geheimnisvoller Vorgänge innerhalb dieser Maschine anschließend selbst zu betrachten. Als man Herrn Rasch seinen aufsehenerregenden Aufschlagrhythmus vorführte, soll er sich das nur ganz still angeschaut haben. Dann stand er auf und verließ den Club – wir haben ihn nie wieder gesehen. Wir finden das alle sehr schade.

Antworten
oder
Warum ich dieses stupide Spiel betreibe

Es gibt unwahrscheinlich viele Gründe, warum einer mit dem Tennisspielen beginnt, aber die wenigsten entsprechen der Wahrheit. Wenn einer schon sagt, ihm mache es Spaß, einen Ball über ein hinderliches Netz zu schlagen, muß er doch wohl nicht ganz dicht sein, oder? Wie kann denn ein erwachsener Mensch (von Kindern will ich hier nicht reden) an einer so stupiden Beschäftigung auch nur die Spur von Spaß finden?

Außerdordentlich groß ist der Prozentsatz jener Leute, die es aus gesundheitlichen Gründen tun. Oder zumindest vorgeben, es zu tun. Hier muß man tatsächlich Warnungen vorbringen, die gar nicht ernst genug zu nehmen sind. Grob gesagt: Es gibt überhaupt keine sportliche Übung, die nicht Gefahr für Gesundheit und Leben beinhaltet. Die Sportverfechter verweisen natürlich auf ihren Kreislauf, auf ihren Stoffwechsel, aufs Herz, ihre Potenz und was weiß der Kuckuck noch alles. Aber die grundsätzliche Frage, was man denn mit einem bewunderungswürdigen Kreislauf anstellt, wenn einem die Achillessehne abgerissen ist, hat noch niemand beantwortet. Und was nutzt einem die beste Potenz, wenn man vor lauter Sport keine Zeit mehr für das andere Geschlecht aufbringt? Oder was der beste Stoffwechsel, wenn man nichts essen und trinken kann, weil morgen ein wichtiges Match ist?

Was mich anbelangt, so darf ich auf folgende Schäden hinweisen: Aus der Fußball-Zeit (A-Jugend Kreisauswahl) habe ich Knöchel an beiden Füßen, die beim Treppensteigen knacken. Das tut nicht einmal besonders weh, aber es stört mich, wenn ich morgens um vier heimkomme, und die Frau des Hauses sagt, daß sie mich die Treppen hat heraufkommen hören. Vom Hockey blieben mir ungefähr zwei Dutzend Knorpel am Schienbein, die ebenfalls nicht hinderlich sind, da ich kaum einmal die Gelegenheit ergreife, an Schönheitskonkurrenzen für Schienbeine teilzunehmen. Ein Knorpel allerdings befindet sich im Knie, und da schnappt der eine Muskel (den Namen habe ich vergessen) immer drüber, wenn ich das Bein über einen gewissen Winkel beuge. Diesen Winkel erreiche ich nur beim Radfahren (es blieben nur einige Narben auf beiden Knien bei Stürzen) und wenn ich morgens die Schuhe anziehe. Es ist also auch nicht besonders schlimm. In der Leistengegend (rechts) ist irgend etwas kaputt – das kommt vom Laufen. Über ein Jahr lang bin ich nämlich dreimal die Woche gelaufen – und zwar auf jene Weise, die man später als Jogging bezeichnete. Dieses nebenbei: Ich habe es bedauert, nicht auch eines von den vielen, gut verkäuflichen Büchern zu diesem Thema verfaßt zu haben – ich bin mir allerdings nicht sicher, ob dieses Buch der Jog-Religion besonders dienlich gewesen wäre. Wie auch immer: Die Sache in der Leistengegend muß irgendwann einmal operiert werden; das hat mir ein Freund erzählt, dem sie das an beiden Seiten gemacht haben. Er sagte, es dauert nur acht Tage. Und selbstverständlich habe ich dieses blöde Ziehen im Ellenbogen, welches ich in kühner Selbstdiagnose als Tennisarm identifiziere. Soweit also das Gesunde am Sport.

Wenn man die Gründe aufzählt, die einen sonst völlig normalen Menschen zum Tennisfreak machen, darf man keineswegs den Hinweis auf die ‚Freude an der Bewegung' vergessen. Vor solchen Menschen soll man sich in acht nehmen – sie lügen meistens! Warum gehen sie denn in keine Disko, wo man heute frische junge Menschen erleben kann, die zwar Opa zu einem sagen, sich aber sehr graziös bewegen? Nun gut – es ist ein bißchen lärmig in einer Disko, auch Zigarettenrauch und die Drinks – aber warum denn nicht Schattenboxen, wie es die alten Chinesen lehren? Oder Gymnastik?

Sehr viele sagen, sie spielen gern. Das bedeutet, sie wollen gern gewinnen. Das bedeutet ebenfalls, sie wollen einem anderen Niederlagen zufügen. Deswegen muß man sich vor solchen Menschen in acht nehmen.

Tennis ist außerdem ein Spiel, das viele erst im fortgeschrittenen Alter beginnen. Die Gründe dafür liegen bei allem, was bisher angeführt wurde – außerdem noch darin, daß sie sich endlich die Aufnahmegebühr leisten können, und daß sie glauben, jetzt Zeit für so etwas zu haben. Anschließend wundern sie sich dann, weil sie nie mehr Zeit haben – die geht nämlich fürs Tennisspielen drauf. Womit angedeutet wäre, daß alle Tennisspieler im Streß leben.

Nach allen diesen Warnungen wird der ebenso geneigte wie verärgerte Leser mit Recht fragen, warum ich denn überhaupt Tennis spiele. Die Antwort fällt mir außerordentlich leicht: Ich tue es, weil alle anderen in meiner Bekanntschaft es auch tun.

Die Unerträglichen
oder
Warum man gegen Herrn Hackmann keinen guten Ball schlagen kann

In jedem Club gibt es diese Typen, die eigentlich keiner richtig leiden kann. Das hat keineswegs immer damit zu tun, daß diese Menschen schlecht riechen; auch nicht damit, daß sie etwa miserable Verlierer wären. Oft weiß es niemand zu sagen, wo diese Unbeliebtheit herrührt. Aber es gibt sie wirklich überall, und zwar in vielerlei Arten.
Nehmen wir als erstes Herrn Hackmann: Herr Hackmann hat das Spiel niemals gelernt, sondern es sich selbst beigebracht. Sein Lebensziel besteht darin, Leute zu schlagen, die dem Tennislehrer viele Tausende für die Beherrschung einer stilreinen Rückhand zahlten. Die Schläge von Herrn Hackmann ähneln jener Bewegung, die man beim Kleinholzmachen mit dem Beil durchführt. Wenn der Ball von Herrn Hackmann auf einen zukommt, nimmt er die Form eines Eis an (der Ball); fällt dieses Ei dann auf den Boden, so scheint es sich in denselben hineinzugraben. Der Aufschlag von Herrn Hackmann sorgt dafür, daß jeder Ball seine Kompression verloren zu haben scheint – er springt ganz einfach nicht mehr. Die einzige Möglichkeit, einen Aufschlag von Herrn Hackmann zu erwidern, besteht darin, Schaufel und Besen zu nehmen, das runde Filzding aufzufegen und es anschließend über das Netz zu schütten. Herr Hackmann vermag Lobs zu schlagen, die ungefähr fünf Zentimeter vor die Grundlinie fallen – er kann überhaupt jeden Ball dorthin bugsieren, wo er ihn hinhaben möchte, mit einer Fehlerquote von ungefähr achtzehn Zentimetern. Gegen Herrn Hackmann kann man keinen guten Ball schlagen, weil er einem keine Gelegenheit dazu gibt. Die Frage, warum Herr Hackmann noch nicht Wimbledon gewonnen hat, ist leicht zu beantworten: Er ist klug genug, dort nicht hinzugehen. Er spielt immer mit Leuten, die keinen Aufschlag können, gegen die man nicht fummeln kann, die keinen Schmetterball beherrschen, die den Volley sonstwohin setzen, die keinen schönen geraden

und langen Ball fertigbringen. Leute wie Herr Hackmann sind sehr oft außerordentlich nette Menschen, und manchmal beschließen sie sogar in einem Anfall von Größenwahn, richtige Schläge zu erlernen – aber meistens sind sie schon zu alt dazu.

Das zweite Beispiel ist Herr Kraftmann: Herr Kraftmann ist ungefähr das genaue Gegenteil von Herrn Hackmann. Herr Kraftmann haut auf jeden Ball, als wolle er ihn zertrümmern. Er hält jeden, der eine andere Spielart bevorzugt, für einen elenden Fummler und Feigling – Herr Kraftmann gibt aber auch gerne zu, noch nie in seinem Leben einen wirklich sicheren Ball gespielt zu haben. Herr Kraftmann schlägt einen hohen Prozentsatz seiner Bälle ins Netz, und zwar so, daß dieses Gerüst bis an die Grenze seiner Belastbarkeit gerät; ein weiterer sehr hoher Prozentsatz geht weit ins Aus, manchmal gar bis in angrenzende Maisfelder oder Kartoffeläcker. Wenn er tatsächlich einen Ball in das gegnerische Feld bringt, ist es selbstverständlich ein Punkt, von dem er anschließend sehr anschaulich zu erzählen weiß. Da es bei Herrn Kraftmann niemals zu einem Ballwechsel kommt, verbringt man seine Zeit meistens damit, Bälle zu suchen oder Leute zu fragen, ob sie diese Bälle vielleicht gesehen haben. Manchmal kann es amüsant sein, Herrn Kraftmann zuzuschauen – aber spielen sollte man nach Möglichkeit nie mit ihm.

Das dritte Beispiel ist Herr Ärgermann: Man fragt sich immer wieder, warum Herr Ärgermann überhaupt zum Tennisspielen geht, weil ihm die ganze Angelegenheit doch aus tiefster Seele zuwider ist. Herr Ärgermann bringt seinem Gegner tiefe Abscheu entgegen und verheimlicht das keineswegs – er regt sich auf, wenn unter den vier Zuschauern einmal einer die Nase putzt – natürlich kann er auch sich selbst nicht leiden. Er kann keinen leiden, der besser spielt – und wenn er gewinnt, fragt er sich lauthals, warum man sich mit solchen Idioten abgeben muß. Herr Ärgermann schleudert den Schläger sonstwohin, schießt Bälle in Nachbarstaaten, verweigert nachher den Händedruck und würde wahrscheinlich am liebsten mit entsicherten Eierhandgranaten spielen. Herr Ärgermann spielt nicht nur in unserem Club, sondern auch in Wimbledon. Manchmal gewinnt er dort sogar.

Das vierte Beispiel ist Herr Sportmann: Herr Sportmann hat noch jeden Ball erlaufen, bei dem er die geringste Chance sah, ihn zu erreichen. Das liegt daran, weil Herr Sportmann im Winter jede Woche mindestens fünfzig Kilometer durch die Landschaft läuft und deshalb mehr Kondition besitzt als unsere ganze erste Mannschaft. Herr Sportmann beherrscht eine Grundregel dieses Spiels absolut perfekt: Man muß den Ball auf die andere Seite des Netzes zurückschlagen. Das tut er mit Vor- und Rückhand gerne stundenlang. Die Matches von Herrn Sportmann werden oft durch

Dunkelheit unterbrochen – manchmal auch durch Schneefälle, obgleich die Begegnung bereits im Frühsommer begann. Herr Sportmann ist eigentlich nur zu schlagen wenn man gegen ihn genauso spielt – aber die meisten Gegner haben nicht so viel Zeit. Im Zusammenhang mit Herrn Sportmann muß man auch Frau Sportmann erwähnen, die – zumindest was die langen Ballwechsel anbetrifft – ebenfalls sehr oft vorkommt.
Das fünfte Beispiel ist Herr Bschismann: Wenn man gegen Herrn Bschismann spielt, ist jeder Ball, den man näher als dreißig Zentimeter an die Linie gesetzt hat, ganz klar im Aus. Das höchste, was man gegen Herrn Bschismann in einer sich anschließenden Diskussion erreichen kann, sind zwei Neue. Das ist zwar immer noch besser als ein verlorener Punkt, aber im Grunde genommen schon Hehlerei: Man deckt ja schließlich den Betrug des anderen – und das zum eigenen Schaden. Klare Aufschlag-Asse gegen Herrn Bschismann haben immer das Netz berührt – bei unannehmbaren Returns berichtigt Herr Bschismann auf die gleiche Weise seinen eigenen Aufschlag. Übrigens hat auch Herr Bschisman eine Gattin, Frau Bschismann. Ein naher Verwandter von Herrn Bschismann ist Herr Ballmann, der ein ganzes Jahr lang mit einer ungeöffneten Dose Bälle herumläuft, sie aber niemals öffnet. Man kann Herrn Ballmann nur verblüffen, wenn man einen Karton glattrasierter Bälle auspackt und ihm sagt, daß sie von einem Clubturnier im Herbst 1953 stammen.

Die Erträglichen
oder
Warum man gegen Herrn Strengmann gerne verliert

Warum es trotz aller Widerwärtigkeiten immer noch Leute gibt, die jeder gut leiden kann, ist gar kein so großes Rätsel. Selbst wenn diese Leute immer wieder gewinnen. Es ist nämlich in der Tat so, daß es sogar Spaß machen kann, gegen manche zu verlieren – was mit Masochismus nichts zu tun hat. Es hat damit zu tun, daß es Gegner gibt, die einem das Gefühl verleihen, viel besser gespielt zu haben, als man eigentlich kann. Und dieses Gefühl ist riesig.

Nennen wir einen solchen Gegner beispielsweise Strengmann: Herr Strengmann bringt es fertig, je nach Notwendigkeit draufzuhauen, oder den Ball lange zu halten, oder ein Volley zu setzen, oder auch einen verfaulten Stop. Er unternimmt wirklich alles, um mich zu schlagen, und setzt den Ball dorthin, wo ich gerade nicht bin. Aber gegen Herrn Strengmann gelingt mir in jedem Spiel zwei- oder manchmal auch dreimal ein Punkt, von dem ich lange nur geträumt habe. Ich strenge mich gern gegen Herrn Strengmann an, weil ich glaube, gegen niemand sonst so gut zu spielen. Das ist der Grund, warum ich Herrn Strengmann so gut leiden kann.

Ich glaube, daß Tennis auf dieser Ebene tatsächlich eine gewisse Ähnlichkeit mit Liebe besitzt: Da ist es auch schöner, wenn beide etwas davon haben. Und beides geht nicht, wenn man alleine ist.

Wenn alle Leute so wären wie Herr Strengmann, könnte man getrost mit jedem spielen. Die Gefahr bestände lediglich darin, daß man nicht genug davon bekommt – je mehr man spielt, desto öfter möchte man spielen. Obgleich ich relativ wenig Erfahrung mit Rauschgiften habe, glaube ich, daß es da ähnlich ist. Wenn die Tennis-Dosis so groß ist, daß man Haus, Hof, Familie und Beruf verläßt, sollte man wieder einmal gegen jemand

anders als Herrn Strengmann spielen: Damit man merkt, wie die Welt wirklich beschaffen ist.
Das höchste aller Tennisziele wäre es, das Clubturnier zu gewinnen und trotzdem von jedermann gemocht zu werden. Das müßte dann so gehen, daß jeder das Gefühl hat, das beste Spiel seines Lebens gemacht zu haben.
Was mich anbetrifft, so wird mir das leider nie vergönnt sein.
Aber Herr Strengmann schafft das. Obgleich ich gegen ihn immer verliere. 0:6, 0:6.

Kinderspiel
oder
Über die Entwicklung des Individuums

Natürlich getraut sich niemand auf der Welt, etwas gegen Kinder zu haben. Jedermann kennt die Argumente, die für Kinder sprechen: Sie tragen unsere Kultur weiter, man weiß, wofür man arbeitet, sie sichern unsere Renten, sie erhalten unsere in Jahrtausenden gewachsene Tradition. Es gibt nur wenig Einschränkungen, die da zu machen sind. Beispielsweise als Babys pflegen Kinder zu schreien und unangenehm zu riechen; diese Tatsache ist sehr wenig verbreitet, weil Väter sich nicht getrauen, das laut auszusprechen, und weil die für Nachrichtenübermittlung verantwortlichen Mütter das ganz anders sehen. Wenn Kinder größer werden, brauchen sie ungefähr alle vierzehn Tage ein paar neue Schuhe.
Wenn man Glück hat, spielen Kinder auf der Platte im Keller Pingpong oder auf der Wiese Fußball. Wenn man Pech hat, wollen sie ein Reitpferd, gehen winters zum Skifahren oder sommers zum Tennisspielen. Wenn man sehr viel Pech hat, betreiben sie alle diese Sportarten miteinander, was für einen Familienvater weit kostspieliger ist als der Unterhalt von zwei Geliebten oder sonstigen Alimentenzahlungen.
Man kann versuchen, Kinder davon zu überzeugen, daß Mannschaftssportarten viel mehr zur Charakterbildung beitragen – man kann das sogar mit dem Hinweis auf den Vater tun, der seinen treuen Charakter einem Team verdankt, welches nur aus dem Grunde niemals abstieg, weil darunter keine Liga mehr war. Aber meistens haben Kinder keinen Sinn für den treuen Charakter ihres Ernährers, sondern wollen ihr Individuum entwickeln. Diese Individualität kann man beobachten, wenn man seine Kinder aus der Schule abholt: Da kommen tausend Individualisten heraus, die alle Turnschuhe, Jeans, T-Shirts und eine dunkelgrüne Parka-Jacke tragen, die aus den Heeresbeständen des Ersten Weltkrieges stammt.
Kinder als Tennistypen sind mit großer Vorsicht zu behandeln. Nicht etwa wegen der Charakterbildung der Kinder, sondern wegen der anderen Erwachsenen. Gesetzt den Fall, man geht auf den Platz und schlägt ein Kind

zu Null wie es sich gehört, dann kann es passieren, daß die anderen Erwachsenen kommen und einen für grausam halten. Sie werfen einem auch vor, daß die Charakterbildung des Kindes einen ganz gewaltigen Knacks bekommen könnte, wenn nicht gar ein Trauma. Nie könnte aus einem solchen Kindertyp in richtiger Siegertyp werden: „Wollen Sie, daß Ihr Kind Zeit seines Lebens immer auf der Verliererstraße bleibt?“

Ich gebe zu, nichts von Kinderpsychologie zu verstehen, obgleich mir völlig unbemerkt zwei herrliche Kinder heranwuchsen. Ich glaube aber, daß man Kindertypen im Tennis so vernichtend schlagen sollte wie es nur geht, weil sie es später bei der ersten Gelegenheit ganz genauso machen werden. Es ist dies der seltene Fall, daß man als Vater (Mutter) die Rache ein wenig vorzieht.

Grundsätzlich aber halte ich nichts vom Tennisspielen mit Kindern und schon gar nicht fremden Kindern, weil man da die seltsamsten Überraschungen erleben kann.

Ich erinnere, daß ich einst Frau P. anrief, die die gute Seele einer sehr schönen Tennisanlage war – ich bat sie, einen Platz zu reservieren und wenn sie es ermöglichen würde, daß da auch ein Partner ist, würde ich sie für ewig in meine Nachtgebete einschließen. Frau P. ist in der Koordinierung solcher Wünsche als Weltmeisterin anzusehen – sie sagte, sie würde schon jemand finden für mich.

Nun gut – ihr seltsames Lächeln hätte mich stutzig machen müssen, aber da Frau P. immer sehr nett ist, dachte ich nicht lange darüber nach, zahlte und fragte nach dem Platz. Sie sagte, es sei Platz 5, und mein Partner würde schon warten. Dort allerdings war niemand, außer einem Bengel von höchstens vierzehn, der da Aufschläge übte. Das Kerlchen unterbrach seine Tätigkeit, als es meiner ansichtig wurde – es kam heran und fragte, ob ich der Herr K. sei – Frau P. habe ihm gesagt, er solle hier auf mich warten. Ich überlegte, daß selbst eine so tüchtige Person wie Frau P. einmal einen Fehler machen könne – aber schließlich ist ein Vierzehnjähriger immer noch besser als gar niemand. Ich meinte mit jener herablassenden Freundlichkeit, zu der nur Erwachsene Kindern gegenüber fähig sind, daß wir es ja einmal versuchen könnten.

Ich schubste ihm den Ball über das Netz auf die Vorhand, damit er es nicht so schwer hätte – dann geschah etwas Schreckliches: Er stand da wie Connors-Vilas-McEnroe-Borg, die auch immer richtig zum Ball stehen, und hieb den Ball krachend zurück, er landete etwa einen halben Meter von Grund- und Seitenlinie entfernt in jenem Winkel, den ich nie und nimmer erreiche. Noch war ich nicht besonders beunruhigt, da derartige Glücksschläge jedem Anfänger in Sternstunden widerfahren. Ich schubste ihm also den zweiten Ball auf die Rückhand – ich war sicher, daß er dort die

gleichen Schwierigkeiten haben würde, die wir alle haben. Aber der respektlose Rotzlöffel hieb auch diesen Ball mit hartem Topspin quer über den Acker – er landete dort, wo auch die Vorhand landete, nur auf der anderen Seite.
Um die Geschichte ein wenig abzukürzen: Der Vorschlag, ein kleines Match zu spielen, kam von mir – ich hoffte insgeheim, daß seine gewaltigen Schläge unter der nervlichen Belastung, die für jeden eintritt, wenn die Zählerei beginnt, leiden würden. Es war eine grauenvolle Fehleinschätzung. Ich gewann das erste Spiel, wobei ich bis heute den Gedanken nicht loswerde, daß der Knabe dort drüben es mir aus lauter Mitleid schenkte – dann gewann ich keines mehr. Als er den letzten Ball dorthin geschlagen hatte, wo bei mir längst die Quelle tiefer Resignation lag, kam er wohlerzogen ans Netz, um meinen Glückwunsch entgegenzunehmen. Er sagte auch noch, ich hätte ganz gut gespielt, wofür ich ihm am liebsten eine geklebt hätte. Aber ich unterdrückte diese momentane Regung, die meinem geknickten Selbstbewußtsein auch nicht geholfen hätte – ich sagte, daß er wirklich talentvoll sei.
Frau P. bedauerte es, daß sie niemand gefunden habe, der meiner Altersklasse entsprach. Ich frage sie: „Wo um Himmelswillen haben Sie diesen Teufel her, der wahrscheinlich in zwei Jahren Weltmeister wird?"
Sie entgegnete, es sei einer von den Jungen, die am Nachmittag hier einen Lehrgang haben – er sei schon früher gekommen und wollte so gern spielen, und da habe sie gedacht, wo ich doch ... undsoweiter.
Dieses Erlebnis hat mich nur bestärkt, nie gegen Kinder zu spielen. Wenn man sie schlägt, nimmt niemand Notiz davon: Wenn man sie glatt besiegt, gilt man als grausam – wenn man sie niederkämpft, wird das nur der größeren körperlichen Kraft zugeschrieben. Wenn man aber gegen sie verliert, heißt es, der K. verliert jetzt auch schon gegen Kinder – nun schauen Sie sich das nur einmal an!
Was jenen Vierzehnjährigen anbetrifft, so lese ich manchmal von ihm in der Zeitung. Es heißt, er macht inzwischen in einem Jahr mehr Geld als ich je aus dem Erlös eines Buches wie diesem erhalten werde.

Damen oder Das Spiel mit dem eigenen Gatten

Die meisten Tennisspieler wünschen sich als Partner oder Gegner immer solch' Leute wie Connors oder die Navratilova, aber wenn's dann wirklich so weit ist, steht dort drüben oder hier an der Seite das liebe Ehegespons. Dagegen kann man nichts machen, denn gemischte Doppel finden nur noch bei uns im Club oder bei den Grand-Slam-Turnieren statt – und da unsereiner öfter im Club als in Wimbledon spielt, ist die Chance, mit eigenem Gemahl zu spielen, relativ hoch.

Obgleich es sehr schwierig, wenn nicht gar unmöglich ist, sich in die Lage einer Frau zu versetzen, die dieses Spiel besser beherrscht als ihr lieber Gatte (es kommt aber tatsächlich vor!), soll das hier versucht werden. Insofern ist dieses das einzige Kapitel, welches allein weiblichen Wesen gewidmet ist.

Eine der grundsätzlichen Fragen ist, ob eine überlegene, aber liebende Frau überhaupt so weit gehen sollte, ihren Mann zu schlagen. In mancherlei Beziehung erscheint das ähnlich unklug, wie der glatte Sieg über den Chef: Hier kann man seinen Job verlieren oder zumindest in eine ungeliebte Abteilung versetzt werden – dort kriegt man niemals das Geld für das entzückende Kostümchen, welches da schon seit drei Tagen im Schaufenster hängt.

Sagen wir einmal so: Eine kluge Frau wird zumindest vor der Ehe von drei ernstzunehmenden Begegnungen auf dem Tennisplatz höchstens eine für sich zu entscheiden trachten. Natürlich darf man die Bälle nicht allzu weit ins Aus setzen, und vier Doppelfehler hintereinander fallen ebenfalls zu sehr auf; wenn diese Dinge nicht auffallen, sollte man sich lieber einen anderen suchen. Aber jeder, der das Spiel ein bißchen beherrscht, weiß, was hier gemeint ist: Man schlägt ein klitzekleines bißchen weniger hart, man setzt den Ball dorthin, wo er ihn nicht nur erreicht, sondern auch zurückbringt – der Gute muß das Gefühl haben, reell gewonnen zu haben.

Nach der Heirat sieht die Sache schon anders aus. Es erscheint nicht nur klug, sondern auch ehestrategisch richtig, ihm von Zeit zu Zeit eine kräftige

Abreibung zu verpassen. Dabei ist nicht nur der Sieg allein wichtig, sondern auch die Art und Weise, wie er zustande kommt. Er muß laufen: Von hinten nach vorn, von links nach rechts – falls ein Mitleidsgefühl aufkommt, sollte eine gute Frau daran denken, daß er ja eigentlich viel zu wenig Bewegung hat, daß es ihm guttut, und daß er nach dieser Niederlage wahrscheinlich wieder wie ein Verrückter trainiert, um bei nächster Gelegenheit die Schmach wieder gut zu machen. Außerdem ist es vielleicht die einzige Gelegenheit im Eheleben, wo man den Kerl zum Laufen bringt – und zwar dorthin, wo man gerne möchte.

Selbstverständlich darf man ein Lob nicht vergessen: „Herbert – Du läufst so leicht wie ein Reh!“ Von drüben kommt nur ein keuchendes Grunzen, welches einen kleinen Stolz nicht verhehlt. Als Mann, der diese Geschichte für Frauen zu Papier bringt, darf ich sagen, daß ich nicht viel davon halte, wenn sie auch noch sagt: „Und es tut Dir so gut!“ Man will bei solchen Gelegenheiten nicht daran erinnert werden, daß man es nötig hat, irgend etwas zu tun, was einem gut tut.

Lob in Gegenwart von Fremden muß abgewägt sein – Lob von Fremden selbst kann man zur Not sogar bestellen. Etwa so: „Nun sag doch mal Ursula, was hast Du denn mit Deinem Mann gemacht – so schlank sieht er aus – und gleich zehn Jahre jünger – hätte ihn fast nicht wieder erkannt?!?“ Die gescheite Frau kann dann gleich noch einen draufsetzen: „Ach weißt Du, er ist so ein athletischer Typ – im Grunde genommen habe ich keine Chance gegen ihn – ich muß ja schon froh sein, wenn er mich einmal ein paar Spiele gewinnen läßt!“ Eine solche Konversation bringt mit Sicherheit sehr viel Harmonie ins Haus, dazu noch ein Abendessen im teuersten Restaurant der Stadt.

Einiges von dem hier Angeführten ist natürlich auch für unverheiratete Damen anwendbar. Es ist nun einmal eine unverrückbare Tatsache, daß Mädchen, die nicht nur jeden Mann im Club schlagen können, sondern dieses auch tun, auf die Dauer nicht besonders populär sind. Es eilt ihnen der Ruf des krankhaften Ehrgeizes voraus und hinterher – wie immer bei solchen Gerüchten – heißt es dann auch bald, sie habe zwar eine Vorhand, könne aber nicht einmal Kaffee kochen. Wahrscheinlich habe ich mit letzterer Bemerkung eine typisch männliche Äußerung getan, die in einem für Frauen gedachten Kapitel nichts zu suchen hat. Verzeihung.

Späte Reue
oder
Das Leben in einer Tennis-Ehe

Ich gebe es zu: Ich habe alle Warnungen in den Wind geschlagen und sie trotzdem geheiratet. Ich hätte wissen müssen, daß es nie und nimmer gut gehen kann.
Als erstes fiel mir auf, wie sie einmal einen weit aus dem Platz gesetzten Treibschlag erlief und mit einem für Damen völlig ungewohnten Mut den Ball mit der Rückhand außen am Pfosten vorbei in das andere Feld fetzte. Ich hatte sie vorher nie richtig wahrgenommen, aber dieser wunderbare Schlag veranlaßte mich, ein Weilchen stehen zu bleiben. Nein – es war kein Zufall: Jeder Schlag saß grundsolide, und ihr Spiel sprühte außerdem von überraschenden Einfällen, daß es eine wahre Pracht war.
Am Abend habe ich sie schon gefragt. Natürlich ganz nebenbei und lässig – ob wir nicht das Mixed zusammen spielen sollen, in vierzehn Tagen beim Clubturnier. Sie klaubte sich gerade das Pflaster von den Fingerkuppen und blickte nur kurz auf: „Ach Du bist's! Eigentlich wollte ich schon mit Egon, aber der kann doch nicht aufschlagen. Wir müßten aber etwas trainieren – wir wär's morgen früh um zehn!"
Wir übten am nächsten Morgen um zehn eine Stunde lang nur Volleys, am übernächsten Morgen eine Stunde lang nur Vorhand, am überübernächsten nur Schmetterbälle – wir übten jeden Morgen um zehn vierzehn Tage lang. Wir gewannen das Mixed beim Clubturnier, ohne in einem Satz mehr als zwei Spiele abzugeben. Am Abend bei der Feier habe ich sie dann noch einmal gefragt. Es war eine schöne Hochzeit, und die Freunde standen vor der Kirche und bildeten mit den Schlägern ein Spalier.
Heute weiß ich, daß es ein Fehler war. Es gibt im Tennisleben eines Mannes nur zwei Fragen, die immer und ewig beide mit Nein zu beantworten sind: Die erste lautet, ob ich meine Mixed-Partnerin zur Ehefrau machen soll – die zweite, ob ich meine Ehefrau zur Mixed-Partnerin machen soll. Nochmals: Dreimal nein!

Wenn wir heute ein Mixed spielen, kommt es über kurz oder lang zu einer Unterhaltung, die in etwa wie folgt abläuft:

Ich: „Gehe beim ersten Aufschlag ein wenig weiter zurück und paß auf seinen Topspin auf!"

Sie: „Ich weiß – hast Du eigentlich die Kaffeemaschine abgestellt!"

Ich: „Ich? Ich dachte, das wolltest Du machen! Wir sollten vielleicht schneller ans Netz!"

Sie: „Doch – ich glaube, ich habe sie abgestellt – gerade als Müllers anriefen. Aber am Netz werden sie uns überlobben – die Lobs sind nicht schlecht!"

Ich: „Die können die Lobs ja nicht immer so perfekt schlagen – und die anderen machen wir weg! Was wollten denn die Müllers?"

Sie: „Gegen die Sonne habe ich immer Schwierigkeiten mit meinem Smash!"

Ich: „Und was wollten Müllers?"

Sie: „Siehst Du – wenn ich hinten geblieben wäre, hätten sie nicht schon wieder diesen Lob geschlagen. Sie kommen auf ein Glas Wein!"

Ich: „Ach du Scheiße – ich wollte heute abend eigentlich die neuen Griffbänder ..."

Jedermann wird zugeben, daß eine solche Unterhaltung überhaupt nicht dazu angetan ist, die volle Konzentration auf ein wichtiges oder unwichtiges Tennismatch zu verstärken. Es wäre aber immer noch erträglich, wenn so etwas nur auf dem Tennisplatz stattfindet – man hätte dann wenigstens seine vier Wände daheim als Refugium gegen alles, was mit diesem Spiel zusammenhängt. In meinem Falle aber sieht das so aus:

Sie: „Ich weiß, worüber Du Dir den Kopf zerbrichst!"

Ich: „Ich zerbreche mir überhaupt nicht den Kopf – diese Gulaschsuppe ist sehr gut – hast Du die Büchse selbst geöffnet?"

Sie: „Doch – Du zerbrichst Dir den Kopf darüber, wie das ganze Match wohl gelaufen wäre, wenn ich nicht den leichten Volley zum 5:3 im ersten Satz verschlagen hätte!"

Ich: „Mit keiner Silbe habe ich daran gedacht – es war doch nur ein Spiel – wir können doch nicht immer gewinnen!"

Sie: „Warum willst Du denn nicht mit mir darüber reden? Wir sind doch schließlich verheiratet!"

Ich: „Es ist doch überhaupt nicht wichtig! Allerdings hätten wir bei 5:3 mit meinem Aufschlag den Satz wohl gewonnen – so stand es 4 beide – aber was sollen wir noch darüber reden?!"

Sie: „Ich meine, wir sollten das ausdiskutieren – damit da nichts zwischen uns bleibt!"

Ich: „Es ist nichts zwischen uns – es ist nur ein Spiel, wie ich schon sagte!"

Sie: „Aber schließlich warst Du es, der den Doppelfehler bei 3 beide im zweiten Satz machte!"
Ich: „Da war das Match doch schon verloren!"
Sie: „Kein Match ist vor dem letzten Punkt verloren!"
Ich: „Das klingt so wie Morgenstunde hat Gold im Munde!"
Sie: (verläßt das Eßzimmer)
Das tragische Verhängnis, welches über unserem gemischten Doppel schwebt, wird auch dem Laien durch diese kleinen Gesprächsbeispiele offenbar werden – gar nicht zu reden von dem zwar nicht so tiefgreifenden, aber immerhin erwähnenswerten Schicksal unserer Ehe.
Manchmal habe ich mich schon mit dem Gedanken getragen, eine eventuelle Konsequenz ins Auge zu fassen – ich war schon drauf und dran, die entscheidende Frage zu stellen. Aber dann habe ich mir überlegt, mit wem ich beim nächsten Clubturnier das Mixed spielen soll, und ließ es wieder bleiben.

Sex
oder
Entweder-oder-sowohl-als-auch

Die Behandlung des Themas Sex schreit geradezu nach Sachlichkeit. Aber allzu große Sachlichkeit ist weiter nichts als langweilig. Nun wird aber kein erwachsener Mensch behaupten wollen, daß Sex langweilig ist. Deshalb wandelt der Autor, der dieses Thema in einem Zusammenhang mit dem Tennisspiel erwähnt, auf einem herrlich gefährlichen Grat zwischen Sachlichkeit und Pornographie. Die Angelegenheit wird schließlich sogar noch quadriert durch die Tatsache, daß der Autor logischerweise wegen seiner Männlichkeit lediglich die eine Seite der Empfindungen wiedergeben kann – bei der Weiblichkeit muß er sich auf Beobachtungen verlassen, die selbst bei vertrauten Genossinnen oft völlig falsch sind. Allerdings ist auch das nur eine Mutmaßung.
Das völlig Bescheuerte dieser Betrachtung beginnt also schon mit dem Hinweis, daß selbstverständlich alle Ähnlichkeiten mit toten und lebenden Personen rein zufällig sind; außerdem muß man ausdrücklich erwähnen, daß keiner in unserem Club gemeint ist – sonst kann ich da ja nie mehr hingehen.
Soweit dieses.
Man glaubt gar nicht, wie viel ernsthafte Forscher sich bereits damit beschäftigt haben, ob Sportler vor Wettkämpfen nun ein strenges Zölibat einzuhalten haben, oder ob das Gegenteil besser ist. Über diese eigentlich privateste aller Angelegenheiten bestehen Schriften, die sich auf Untersuchungen stützen, die wirklich als repräsentativ zu betrachten sind. Daß sie nie an die Öffentlichkeit geraten, muß verwundern: Da hat man Pulver und Pillen erfunden, nach deren Genuß die gewaltigsten Muskeln wachsen und die gewaltigste Potenz verschwindet – darüber wird geschimpft, verdammt und gestraft. Aber bei der nächsten Weltmeisterschaft wird das Zeug erneut gefressen – es muß etwas Wunderbares sein, eine Goldmedaille oder einen Pokal oder einen Scheck neben sich auf dem Kopfkissen liegen zu haben. Anstatt.
Es geht also um das Entweder-Oder. Oder um das Sowohl-als-Auch. Natürlich weiß ich Beispiele: Vor unendlich langer Zeit sagte mir ein

deutscher Meister nach seinem ersten Titelgewinn, daß er sich gefühlt habe, als würde er einen halben Meter über dem Platz schweben, und es sei ihm alles gelungen. Sie sei blond gewesen. Vor ähnlich langer Zeite habe ich während eines schweren Davispokalkampfes einen gesehen, der nach einer offensichtlich zauberhaften Nacht ungefähr 6:2, 4:1 führte (im entscheidenden fünften Match) und dann keinen Ball mehr traf. Die einzige Parallele zwischen beiden Fällen bestand darin, daß die beiden Mädchen die gleiche Haarfarbe besaßen.
Ich weiß von der britischen Olympiamannschaft, daß ein führender Sportmediziner dort zu absoluter Enthaltsamkeit riet. Und zwar mindestens eine Woche vorher. Er unterstrich dabei, daß dieses keineswegs mit moralischen Ansprüchen zu tun habe, sondern ausschließlich medizinische Gründe hätte. Es würde mit einer Erhöhung des Adrenalin-Spiegels zusammenhängen, der wiederum für den rechten Kampfgeist sorgt. In dem Zusammenhang fällt mir ein, daß Jim Connors nach Siegen sehr gerne erzählt, daß das Adrenalin sehr schön geflossen sei. Ich schließe daraus, daß es sich bei diesem besonderen Stoff um eine Art Kampfgeist-Hormon handeln muß. Andere meinen allerdings, dieses Hormon sei auch für schlechte Laune verantwortlich. Wenn man beide Thesen miteinander verbindet, muß man nach methematischer Logik zu dem Schluß kommen, daß Kampfgeist und schlechte Laune das gleiche sind. Diese Erkenntnis ist sicherlich interessant.
Zurück zur Enthaltsamkeit britischer Athleten: Falls sie tatsächlich dem Rat ihres Doktors folgen, frage ich mich, warum sie nicht mehr gewinnen!
Die andere Theorie (wirklich Theorie?) kommt aus den Vereinigten Staaten und beinhaltet selbstverständlich das Gegenteil. Grob gesagt gilt Sex da in verschiedenen Sportarten als Bestandteil des Trainingsprogramms. Damit hier kein falscher Eindruck entsteht, muß man unbedingt darauf hinweisen, daß das für Sportler beiderlei Geschlechts angenommen wird. Inwieweit sich der jeweils unsportive Partner da als leistungssteigerndes Trainingsobjekt fühlt, vermag ich nicht zu beurteilen – es ist ein Gedankengang, dessen sozialen Aspekt ich nicht zu Ende denken möchte. Immerhin gewinnen die Amerikaner öfter als die Briten – nicht nur im Tennis. Aber: Wie ist das bei Olympischen Spielen eigentlich mit den Athleten aus der Sowjetunion?
Eine speziell aufs Tennisspiel bezogene These kommt ebenfalls aus den USA – sie differiert immerhin zwischen Menschen verschiedenen Charakters: Ein klares Ja allen denjenigen, deren Selbstbewußtsein jäh entschwindet, wenn nach dem Einschlagen das Match beginnt; also jenen, die beim Training als Weltmeister auftreten und vor dem Ernstfall die Hosen

vollhaben – ein ebenso klares Nein wiederum den anderen, die zwar über genügend Selbstbewußtsein verfügen und auch die Schläge beherrschen, aber nach zwei langen Sätzen sehr oft über Konditionsschwierigkeiten klagen. Für die Gründlichkeit dieser Untersuchung spricht der hinzugefügte Ratschlag, doch schriftliche Aufzeichnungen anzufertigen, um diese später in eine grafische Darstellung einzubringen. (Wenn man mich fragt: Mir wäre das peinlich! Aber mich fragt ja keiner – weder beim Tennis, noch ...)

Da ich bereits eingangs auf den Grund hingewiesen habe, warum ich bei diesem Thema in keinem Falle auf die Verhältnisse in unserem Club zu sprechen kommen möchte, werde ich die folgenden Gedanken dem Clubtennis im allgemeinen dezidieren. Hier taucht ein dritter Gesichtspunkt auf, der zumindest einer kleinen Betrachtung wert ist: Wie ist das eigentlich umgekehrt? Oder klarer: Ist Tennis dazu geeignet, Potenz zu steigern? Oder noch klarer: Bin ich ein besserer Liebhaber, weil ich Tennis spiele?

Ganz im Ernst: Es heißt, daß ein Mann oder eine Frau, die schlank sind, mehr Sex ausstrahlen – gemeint ist wohl Sex Appeal. Einer oder eine, die jeden Tag sechs Sätze spielen und dazu womöglich morgens noch durch irgendein Unterholz traben, müßten dementsprechend mehr sexy sein. Dagegen sprechen zumindest zwei Argumente: Ich habe nichts gegen Vollschlanke, was wohl in erster Linie daran liegt, weil ich mich selbst zu diesen zähle – und zweitens kann ich mir vorstellen, daß einer nach fünf Stunden Tennis und einer Stunde Jogging zwar schön schlank ist, aber auch sofort einschläft, wenn er sich in eine horizontale Lage begibt.

Hiervon ausgehend kommt man nach eingehenden Betrachtungen in anderen Clubs (natürlich nicht in unserem) kaum über die Feststellung hinweg, daß das Tennisspiel zu einem fortwährenden psychologischen Dschungel führt. Es handelt sich hier um ein Spiel, bei dem Mann und Frau sich in harter Konfrontation gegenüberstehen – es werden filzige Projektile aufeinander geschossen, man strebt Herrschaft an, was gleichzeitig mit Zerstörung anderer Herrschaft zu tun hat – viele Rituale des Spiels sind in der Tat erogen. Außerdem kommt es nicht selten vor, daß ein gewandtes Weib einen stärker wirkenden Kerl in die Knie zwingt – und das angesichts von Freunden und Freundinnen. Es ist von Schlägen die Rede, von Peitschen, von Mord – ich hörte schon das Wort Massaker, wenn einer Null und Null verlor. Man darf die Tränen nicht vergessen und auch nicht die befreiten Schreie – na ja.

Wenn Tennis angeblich mehr als jedes andere Spiel mit Psychologie zu tun hat, so läßt sich darüber streiten – auf jeden Fall hat Sex damit zu tun, so daß man gewisse Ähnlichkeiten nicht ausschließen mag. Natürlich gibt es

bei beiden auch rein physische Leistungen, aber das ist nicht unbedingt nur auf das Tennisspiel beschränkt. Rasenmähen ist auch eine physische Leistung, aber keineswegs eine psychische; ich glaube, Rasenmähen ist nicht sexy.
Wie die Geschichte zweifelsfrei beweist, sind ideale Doppelpartner keineswegs ideale Sexpartner. Es soll schon vorgekommen sein, aber die Statistik spricht hier einwandfrei dagegen: Man nenne mir mehr als drei sexuell miteinander vertraute Paare, die in der Tennis-Historie jemals zu hohen Ehren kamen! Vielleicht ist es gerade dieses Vertrautsein, das dagegen spricht: Es geht viel Respekt oder auch Höflichkeit verloren, wenn man jeden Morgen splitterfasernackt das Badezimmer teilt.
Wie weibliche Wesen einen Tennisclub (natürlich nicht unseren Club) aus den angeführten Gesichtspunkten zu betrachten pflegen, erzählte mir eine liebe Freundin, die keineswegs mit jenen männermordenden Ungeheuern in einen Topf zu stecken ist, die immer in Unfrieden mit diversen Ehegattinnen leben. Die Freudin, der gewisse Reize nicht abzusprechen sind, erklärte, daß Männer immer jemanden brauchen: In einem Club unterscheiden sie zwischen Tennisspielerinnen (Pferdeschwanz, rotes Gesicht, durchgeschwitzt – aber erstklassiger Aufschlag, ruhige Rückhand, präzise Vorhand) und Aprés-Tennisspielerinnen (wunderbar anzuschauen, intelligente Gesprächspartnerinnen, Aufschlag nur mit den Augen – lausige Spielerinnen). Wie die Freundin meinte, würden Männer beiden Spezies gleichermaßen Interesse entgegenbringen. Sie selbst – so die Freundin – habe gelernt, daß es in einem Tennisclub (natürlich nicht in unserem) immer Männer gebe, die später durch das Clubhaus humpeln und jemanden suchen, der ihre psychologischen Wunden kühlen hilft. Die Freundin, die wirklich nur eine solche ist, sagte, daß sie die besten Drinks in der ganzen Stadt mixt.
Einmal kam sie auf die Clubterrasse (natürlich nicht in unserem Club), wo ich saß und zwei entfernten Freunden zuschaute, die dort ein paar Bälle schlugen: Der eine groß, schlank, sonnengebräunt mit Schlägen wie aus dem Bilderbuch – der andere eher pummelig, kurzbeinig und mit erbarmungswürdigem Gefummel. Ich sagte der Freundin, daß beide von denen noch eine Partnerin für das Clubturnier suchen. Sie setzte sich, beobachtete ein Weilchen und fragte dann: „Welchem von beiden gehört der Porsche draußen auf dem Parkplatz?“

Theorie
oder
Über die Kunst, durch den Ball hindurch zu schlagen

Eine der grundsätzlichen Weisheiten dieses Spiels ist wie folgt zu umschreiben: Jeder Tennisspieler ist ernsthaft der Meinung, ein weitaus besserer Tennisspieler zu sein, als er wirklich ist.
Dieses ist sicherlich ein seltsames Phänomen – vor allem auch, weil jene Meinung ja in jeder Auseinandersetzung auf dem Platz widerlegt wird. Aber da kann man wohl nichts machen, es bleibt so. Die Nummer Zehn der Clubrangliste wird immer sagen, eigentlich viel weiter vorne hinzugehören. Und die Nummer Eins spielt bei uns sowieso nur aus Gefälligkeit – – wenn er/sie nicht diesen verantwortungsvollen Beruf hätte, wäre er/sie schon vor Jahren mit den Profis um die Welt gezogen und hätte längst die erste Dollar-Million auf dem Konto.
Von diesen Feststellungen bis zu der Beschreibung eines Mannes namens Herr Freitag ist es nicht weit. Zum besseren Verständnis sollte man noch hinzufügen, daß Herr Freitag bei uns im Club seit vielen Jahren nur Robinson genannt wird – er ist Mitte Siebzig, hat seit etwa einem Vierteljahrhundert keinen Ball mehr geschlagen und weiß alles über die Theorie.
Herr Freitag hat die Gabe, sich an den Netzpfosten zu stellen und nur den einen Spieler zu betrachten. Andere verfolgen den Ball, was bei gestärktem Hemdkragen mit der Zeit zu wunden Scheuerstellen am Halse führen kann – Herr Freitag/Robinson verfolgt nie den Ball, sondern den einen Spieler. Wenn dann eine Pause eintritt, weil man alle Bälle wieder einzusammeln hat, schreitet er zu dem Gegenstand seiner langen Beobachtung und sagt: „Sie besitzen einen vielversprechenden Schwung in ihrer Vorhand – aber sie sollten noch mehr versuchen, durch den Ball hindurchzuschlagen! Verstehen Sie, was ich meine? Einfach durch den Ball hindurchschlagen!“ Höchstenfalls begleitet Herr Freitag seine Erläuterung noch mit der ausholenden Bewegung seiner flachen Hand – so, wie er es sich vorstellt, daß einer durch den Ball hindurchschlägt. Dann geht er unter Hinterlas-

sung eines Tennisschülers, der fortan versucht, durch den Ball hindurchzuschlagen.
Ich bin mir nicht ganz darüber im klaren, ob Herr Freitag jemals Erfolg bei seinen Bemühungen hatte. Auf jeden Fall aber gilt er als hervorragender Theoretiker und wird bei Hauptversammlungen immer besonders erwähnt.
Viele der jüngeren Spieler, die sich wirklich Mühe geben, durch den Ball hindurchzuschlagen, schwören auf die Ratschläge von Herrn Freitag. Sie kommen zu ihm und sagen, daß es mit dem Aufschlag nicht klappt. Herr Freitag rennt dann keineswegs mit dem Bittsteller auf den Platz, um sich das Maleur zu betrachten – er pflegt dann zu sagen, daß er im Moment leider keine Zeit habe, aber er werde sich bei Gelegenheit darum kümmern. Dann kann man sicher sein, daß Herr Freitag oder Robinson eines Tages plötzlich am Netzpfosten steht und zuschaut. Nachher gibt er dann Anweisungen über den richtigen Schwung, oder wo man den Ball hinwerfen soll, oder über die Wirksamkeit östlicher oder westlicher Griffhaltungen oder über die physikalischen Zusammenhänge bei einem harten geraden oder hoch links abspringenden Aufschlag. Natürlich nimmt er den Schläger nicht selbst in die Hand, sondern macht das vor wie ein stiller Pantomime, oder wie die Schattenboxer, die ich vor vielen Jahren einmal in Hongkong sah. Es ist ein sehr schönes fließendes Bild.
Herr Freitag will für seine Hilfestellungen selbstverständlich keine Gegenleistungen. Es reicht ihm, wenn sich nächste Woche einer bedankt und sagt, daß es schon viel besser geht. Oder aber, er erwähnt in einem Gespräch ganz nebenbei, wie dieser oder jener Spieler auf Grund seiner Anweisungen mit einem Male zu überraschenden Erfolgen gekommen sei.
Es gibt überhaupt nur einen Menschen in unserem Club, mit dem Herr Freitag nicht so besonders zurechtkommt – das beruht allerdings auf Gegenseitigkeit. Es handelt sich dabei um Herrn Urmel, unseren teuren Tennislehrer. Dieser Mann muß tagein tagaus viele Stunden seines Lebens mit irgendwelchen Anfängern Bälle kloppen und sich beim Einstellen der Spur eines Erfolges auch noch anhören, daß man die neue Rückhand-Bewegung eigentlich Herrn Freitag verdankt.
Die Frage, warum das Ansehen von Herrn Freitag jenes von Herrn Urmel weit übersteigt, ist sicherlich leicht zu beantworten: Herr Urmel kann es nicht vermeiden, daß trotz allerhöchster Bemühungen hin und wieder doch einer seiner Bälle im Netz landet oder auch hinten im Zaun. Derartiges ist Herrn Freitag noch nie widerfahren, da in seiner Theorie Fehler nicht vorkommen.

Schiedsrichter oder Die Kunst der unbestechlichen Gerechtigkeit

Zunächst einmal muß in aller Deutlichkeit gesagt werden, daß es sich bei Schiedsrichtern oder Linienrichtern um Menschen handelt, die sich rein äußerlich von keinem anderen Menschen unterscheiden. Diese Feststellung ist unbedingt notwendig, weil es Leute gibt, die die Meinung vertreten, Schiedsrichter hätten einen Defekt oder zumindest eine innere Verwachsung, weil sie sonst nicht Schiedsrichter werden könnten. Die Bemerkung, Schiedsrichter seien wie Eunuchen (sie wissen, wie es geht, aber sie können nicht), ist bösartig, rufschädigend, arrogant und richtig. Zumindest was mich betrifft.

Selbstverständlich hatte ich eine böse Verletzung oder eine Darmgrippe, was ich immer sage, wenn ich keine Lust habe. Wobei man wissen muß, daß ich nie Lust habe, an diesen Turnieren teilzunehmen, bei denen feixende Spieler rundherum stehen und zuschauen, wie ernsthafte Wortsetzer sich nicht entblöden, ihre wackelige Rückhand öffentlich vorzuführen. Ich stelle mir dann immer vor, Karajan und die ganzen Philharmoniker sitzen im Publikum, wenn die Musikkritiker sich der Instrumente bemächtigen, um die Neunte zu intonieren.

Ich hatte also keine Lust, wäre aber auch gern der Ehre teilhaftig geworden, im Rahmen dieses Turniers genannt zu werden. Da bleibt nur eine geringe Auswahl von Möglichkeiten: Entweder Balljunge (was für einen mit Bauch selbst in den besten Jahren einigermaßen würdelos wirkt) oder Schiedsrichter. Im Grunde genommen bringe ich alle Fähigkeiten mit, die ein Schiedsrichter haben muß: Ich bin absolut unbestechlich, verfüge über ein adlerscharfes Auge, verbreite respektheischende Autorität und besitze eine laute Stimme. Außerdem kann ich in mindestens fünf Sprachen ‚Vorteil Aufschläger' sagen.

Für alle, die noch nie Schiedsrichter waren, sollte man hier einfügen, daß ein gewisses Studium des Schiedsrichterbogens vorher nicht schlecht ist. Man erhält da nämlich ein Formular mit verwirrenden Strichen und

RUHE!

Kästchen, welches eine kleine Ähnlichkeit mit jenem Computerausdruck besitzt, der einem in regelmäßigem Abstand vom Finanzamt zugesandt wird. Das Eintragen der Namen und die eigene Unterschrift zur Beglaubigung dieser Urkunde sind noch relativ leicht; aber die Striche und Kreuzchen und Pünktchen, aus denen man nachher einen ganzen Matchverlauf ersehen kann, sollte man sich vorher zeigen lassen.
Sehr wichtig ist für einen Schiedsrichter auch das Besteigen des Schiedsrichterstuhls und die Platznahme dortselbst. Es gibt Schiedsrichter, die halten diesen Sitz für einen Hochstand, wie er von Jägern benutzt wird, wenn sie auf irgendeine wilde Sau warten. Diese Schiedsrichter verfügen über ein ausgesprochen ausgeprägtes Selbstbewußtsein – wahrscheinlich hat man ihnen als Kind einzureden versucht, daß das Töpfchen, auf dem sie ihre Notdurft verrichten, ein Thron sei. Normalere Menschen, denen die Contenance nicht in die Wiege gelegt wurde, bekommen dort oben den Hauch von Platzangst zu spüren, der auch auftritt, wenn man in einem Ballsaal über die leere Tanzfläche geht. Sie fühlen sich nicht auf einem jagdlichen Hochstand, sondern mehr wie das Baby auf jenem Kinderstühlchen – gleich wird eine riesige Oma kommen und einem den Grießbrei ins Maul stopfen. Außerdem weiß man nicht genau, ob alle Knöpfe ordentlich geschlossen sind, ob man kein Loch in der Schuhsohle hat – und was ist, wenn einem jetzt plötzlich hinten die Hose platzt? Schiedsrichter dürfen auch nicht in der Nase bohren.
Alle diese Dinge waren mir durchaus geläufig, als ich mich nach einigem Zieren überreden ließ, das Semifinale dieser seltsamen Meisterschaft zu ‚schiedsen'. Es handelte sich um ein teilweise gemischtes Doppel: Auf der einen Seite standen zwei Herren, auf der anderen Seite ein Herr und eine Dame. Alles sehr nette Kollegen – vor allem die Dame, die man hätte längst einmal zum Essen einladen sollen. Nur war ich selbstverständlich der Meinung, daß Frauen in diesem Beruf nichts zu suchen haben. Diese Ansicht vertreten alle Männer.
Es ging alles gut bis zum 30:30 im zweiten Spiel – wenn man davon absieht, daß eben jene Dame mir einen eisigen Blick zuwarf, als ich gleich beim ersten Punkt des ersten Spiels einen Doppelfehler bemerkt zu haben glaubte und dieses auch laut verkündete. Bei 30:30 im zweiten Spiel allerdings setzte der Partner jener Dame einen himmelhohen Lob offensichtlich einige Zentimeter hinter die Grundlinie – das heißt, ich konnte es nicht richtig sehen, weil der eine der beiden Herren auf der anderen Seite gerade davorstand, aber so reagierte, daß ich annahm, der Ball müsse im Aus sein. Die beiden Herren schauten sich nur kurz an – dann schauten sie zu mir – dann schauten sie sich wieder an und zuckten die Achseln. Der Herr, der mit der Dame spielte, schaute ebenfalls zu mir herauf, blickte zu

seiner Partnerin, blickte wieder zu mir, dann erneut zu seiner Partnerin und schüttelte den Kopf. Die Dame indessen stand mit dem Kopf in der Nähe meiner Fußspitzen, klopfte mit dem Schläger sehr energisch an die Holzkonstruktion dieses Stuhls und zischte, daß ich doch wohl nicht ernsthaft behaupten wolle, daß dieser Ball im Aus gewesen sei.
Ich sagte lächelnd: „Sie sehen bezaubernd aus in Ihrem Zorn, gnädige Frau – aber der Ball war aus!" Sie antwortete, ich solle mir doch mal eine neue Brille verschreiben lasssen, denn was ich da oben zussammenschiedse, habe sie in ihrem ganzen Leben noch nicht erlebt, und außerdem soll ich doch mal die beiden Herren fragen, die würden ja wohl hoffentlich so fair sein und meinen Fehler zugeben. Aber die beiden Herren standen an der Grundlinie und unterhielten sich auf das Lebhafteste über ein Thema, dessen Inhalt ich auf die Entfernung nicht verstehen konnte. Ich sagte zu der Dame: „Aber es ist doch nur ein Jux – nun regen Sie sich doch nicht wegen des einen lumpigen Punktes auf!" Sie sagte sehr schlagfertig, dann solle ich aus lauter Jux doch diese Entscheidung wieder rückgängig machen und ihr den Punkt gutschreiben. Ich dachte, daß ich diese dämliche Kuh nie zum Essen einladen werde und entschied auf zwei Neue.
Die beiden Herren, die so tief in ihr Gespräch vertieft gewesen waren, standen nun in Nullkommanix ebenfalls mit dem Kopf in der Nähe meiner Fußspitzen und sprachen im Chor, daß sie gar nicht daran dächten, den Punkt noch einmal zu spielen, weil eine Entscheidung ist eine Entscheidung ist eine Entscheidung ist eine Entscheidung ... Die Dame lenkte ihre Empörung indessen nur kurz in Richtung ihrer beiden Gegner, indem sie sagte: „Wenn Sie glauben, unbedingt auf diese Weise gewinnen zu müssen, soll es mir egal sein – aber wenn dieser unfähige Trottel dort oben blind ist, spiele ich lieber ohne Schiedsrichter!" Ihr Partner, der ja nun eigentlich den strittigen Ball geschlagen hatte und sich bisher vorbildlich zurückhaltend verhielt, war indessen näher gekommen und versuchte die Dame zu begütigen: „Jetzt lass' doch den da oben – der will sich doch nur aufspielen und hat keine Ahnung und überhaupt brauchst Du doch nur zu lesen, was der sonst immer schreibt – dann weißt Du doch, was los ist!"
Ich sagte: „Ich wäre Ihnen sehr dankbar, wenn Sie jetzt zwei Neue spielen würden – ich konnte den Ball nicht beurteilen, weil der eine der beiden Herren gerade davorstand!" Die Dame sagte: „Warum sollen wir zwei Neue spielen, wenn wir doch den Punkt einwandfrei gewonnen haben?" Der eine der beiden Herren sagte: „Ich sehe nicht ein, warum wir noch einmal um einen Punkt spielen sollen, den Sie uns doch schon zugeschrieben haben!" Der andere der beiden Herren sagte: „Richtig!" Der Partner der Dame sagte: „Am besten spielen wir ohne Schiedsrichter weiter!" Die Dame sagte: „Auf jeden Fall nicht mit jenem Kerl da oben!"

Sie standen nun alle vier mit den Köpfen in unmittelbarer Reichweite meiner Fußspitzen und sprachen über mich, der ich über ihnen in unfaßbarer Hilflosigkeit thronte, als sei ich ein viele Meilen entfernt weilender Volltrottel. Die Dame schlug hin und wieder erneut ihren Schläger gegen die Leitersprossen des hohen Stuhls – ich war froh, daß sie kein Beil zur Hand hatte. Außerdem überlegte ich mir, warum man noch nie von einem Schiedsrichter gehört hat, der im Verlauf einer solchen Szene die Fußspitze gegen einen Kinnwinkel zucken läßt. Fußspitzen gegen Kinnwinkel ergeben absolut sichere Knock-Outs. Ich hätte übrigens inzwischen auch die Dame nicht mehr aus meiner Aktion ausgeschlossen, was mir jeder Richter sicherlich als Notwehr ausgelegt hätte. Ich nahm davon lediglich Abstand, weil sich inzwischen einige Zuschauer eingefunden hatten, die von den Spielern wissen wollten, was da eigentlich los sei. Ich bekam also die ganze Geschichte noch einmal zu Gehör – mittlerweile allerdings bereits mit einigen zauberhaften Varianten: Die beiden Herren hatten nunmehr beschlossen, daß der Ball mindestens einen halben Meter im Aus gewesen sei – für die Dame war er dick drin, für den Partner der Dame war es ein perfekter Topspin-Lob gewesen, der genau auf die Linie prallte. „Kein Mensch der Welt hätte den erreicht", sagte er.
Schließlich kamen alle auf die Idee, doch einmal nach dem Abdruck zu schauen. Sie wanderten also zur Grundlinie dort drüben und fanden im Nu mindestens ein Dutzend Abdrucke, die es je nach Interesse hätten sein können. Während sie dort ihre Diskussion fortsetzten, kletterte ich schnell von meinem Stuhl und mischte mich unauffällig unter die Spaziergänger. Den Schiedsrichterbogen habe ich in einen Papierkorb geworfen. Es stand ja eh' noch nicht viel drauf.

Statistisches
oder
Warum man im Mai nicht Tennis spielt

Wenn ein Tennisclub im Mai über eine ausreichende Anzahl von Plätzen verfügt, hat er nicht genügend Mitglieder. Wenn er im August oder September immer noch überlaufen ist, hat er nicht genügend Plätze. So viel zu jenem am weitesten verbreiteten Ärger, dessen aggressives Stadium in zwei Stufen leicht abzulesen ist. Erstens: „Jetzt sitze ich hier schon zwei Stunden herum und habe noch keinen Ball geschlagen!" Zweitens: „Ich möchte einmal wissen, warum diese Leute den ganzen Tag den Platz besetzen, und ich hier nur zuschauen darf!" Man könnte noch ein drittes Argument hinzufügen: „Dieses System der Platzreservierung ist ein absoluter Schwachsinn! Welcher Idiot hat sich das eigentlich ausgedacht? Wahrscheinlich die, die da schon vier Stunden ihr Doppel bestreiten!" Derartiges steht im absoluten Gegensatz zu dem fröhlichen Plop der Bälle und den heiteren Stimmen, die ein zufälliger Spaziergänger als Eindruck dieses Treibens mit nach Hause nimmt.

Wer es fertigbringt, gegen diese Phänomene ein wirksames System zu finden, würde wahrscheinlich in allen Clubs der Welt als Ehrenmitglied auf Lebenszeit aufgenommen. Es ist nämlich so, daß spätestens im März jedes Jahres ein paar Millionen Tennismenschen die Schläger vom Hausboden holen, den Klang der Saiten prüfen, Hemden, Hosen, Socken und Schuhe kontrollieren und schließlich der Meinung sind, daß dieses Jahr alles anders wird. Man wird die Rangliste nur so aufräumen, daß alle staunen – jeden Tag mindestens eine Stunde, am Wochenende auch drei und mehr – einige Trainerstunden wären nicht schlecht. Falls dann Ende April, Anfang Mai die ersten wärmenden Sonnenstrahlen da und der letzte Schnee verschwunden – dann rennen sie auf den Platz und stellen fest, daß dort schon ungefähr tausend Menschen die gleiche Idee hatten. Von diesen tausend waren etwa fünfzig schon morgens um vier da, um ihre Kärtchen dorthin zu hängen – die anderen neunhundertfünfzig sind also sauer. Freie Tennisplätze im Mai sind so selten wie Steinpilze im Mai.

Gottseidank verschwindet bei etwa achtundvierzig von den fünfzig Leuten der lange gehegte Optimismus auf ein gutes Tennisjahr an der Clubhausbar oder durch Termine beim Zahnarzt oder durch fünfmarkstückgroße Blasen an Händen und Füßen. Spätestens im Juni werden die Probleme übersichtlicher.

Die Sache mit der Platzreservierung wird allerdings spätestens jeden Samstagnachmittag aufs Neue zu einer Zerreißprobe für unseren Club – vor allem, weil dann auch Punktspiele mit anderen Clubs stattfinden. Diese Begegnungen interessieren im Grunde genommen keine Sau, außer jenen, die daran teilnehmen; höchstens wenn das Ergebnis nächsten Mittwoch endlich in der Zeitung steht, spürt man eine kleine Solidarität. Aber dann ist man ja schon wieder nervös wegen dem nächsten Wochenende.

Jedermann weiß, daß es in unseren Breiten vor allem am Samstag und Sonntag regnet. Irgendwann in späteren Jahren wird eine kluge Weltregierung das Wochenende auf Dienstag/Mittwoch legen, weil da immer das schönste Wetter ist, aber im Moment müssen wir noch damit leben. Das schlechte Wetter am Samstag/Sonntag trifft die kleinen Clubs mehr als die großen und vornehmen. Das läßt sich ganz einfach dadurch erklären, daß die großen Clubs extra jemand angestellt haben, der nachprüft, ob die Plätze nach dem Regen wieder bespielbar sind. Bei unserem kleinen Club wird eine solche Entscheidung per Akklamation getroffen, die immer hundertprozentig ausfällt: Zwei Minuten nach dem letzten Regentropfen stürmen alle hinaus – sie könnten anstatt Tennisschlägern und Bällen auch Hacken und Spaten mitnehmen, denn die Plätze sehen nach einer halben Stunde aus, als habe man sie gepflügt und wolle sie der landwirtschaftlichen Nutzung zuführen.

Doch zurück zur Reservierung: Der Sinn eines Tennisclubs ist es, einer möglichst großen Anzahl von Menschen eine möglichst große Dosis Tennis zu ermöglichen. Das zum Betrug geradezu auffordernde System bezieht sich auf – sagen wir – einen Satz. Ich habe selbst einen frommen Pfarrer erlebt, der nach dreistündigem Spiel mit seinem Vikar auf die entsprechende Frage im Brustton der Überzeugung erwiderte, es stände 1:1.

Die gebräuchlichere Reservierung bezieht sich auf die Zeit von einer Stunde. Das kann natürlich dazu führen, daß im dritten Satz bei fünfbeide plötzlich stockfremde Leute den Platz übernehmen und auch noch herummaulen, weil man den roten Sand nicht mit diesem Fischernetz sauber abgezogen hat. Manche Leute drohen sich Prügelstrafen an – andere betrinken sich. Betrinken ist besser. Es hat allerdings den Nachteil, daß man später, wenn keiner mehr spielen will, auch nicht mehr kann.

Die großen und vornehmen Clubs sind da ebenfalls besser dran: Sie haben jemanden, der vor dem Plan der Plätze sitzt und diese so verwaltet, wie es angeblich Portieres in Stundenhotels tun. Wenn man anruft, sagt dieser Tennisplatzportier, daß um halbeins auf Sieben eine Dame noch keinen Partner hat – sie würde sicherlich gerne mit einem meiner Spielstärke. Wenn man die Dame nicht kennt, ist das für Glücksspieler ein reizendes Abenteuer – meistens ist aber dort drüben ein ledernes Kanin, welches alle Lobs genau auf die Grundlinie setzt und überhaupt nur Lobs schlägt. Hin und wieder gibt es aber auch einen Hauptgewinn für eine Stunde.

Alles hängt nämlich mit einer Statistik zusammen, die da besagt, daß auf einen Platz fünfzig Tennisspieler kommen. Das ist eine erschreckliche Vorstellung, die jeden Interessenten resigniert nach Hause schickt. Aber da keiner allein auf den Platz geht, ist nach den logischen Gesetzen der Mathematik das Verhältnis nicht 1:50, sondern im Einzel 1:25 und im Doppel nur noch 1:12,5. Wenn man dann noch berechnet, daß zumindest im Sommer der Platz zehn Stunden täglich in Betrieb ist, kommt man auf das erträgliche Verhältnis von 1:1,25 für je sechzig Minuten. Ich halte diese Beweisführung für das schönste Beispiel dafür, was man alles mit Statistik machen kann. Vor allem, weil ich nicht weiß, wie man 0,25 Tennisspieler einstuft.

Molli
oder
Unsere schöne Club-Familie

Wir haben einen bei uns, zu dem sagen alle Molli. Ich bin davon überzeugt, daß die meisten gar nicht wissen, wie er richtig heißt. Wenn Molli nicht da ist, herrscht bei uns eine Ruhe, wie in einem Altersheim. Höchstens, daß einer erzählt, wie das war, als er mit Molli ein Doppel spielte und Molli plötzlich aufs Klo mußte und ...
Die herausragenden Merkmale von Molli sind seine dröhnende Stimme, sein Körperwuchs von Einsfünfundsechzig und seine kugelige Leibesfülle. Wenn Molli hereinkommt, freuen sich selbst die ältesten Seniorinnen – Molli ist unser Clubsonnenschein. Ich meine, er ist bei uns so etwas wie der Maitre de Plaisir.
Molli ist Weltmeister im Arrangieren spontaner Feste, von Handicap-Turnieren, aber auch von unserem jährlichen Tennisball, wenn die Herren sich wie Pinguine kleiden und die Damen das neue Lange tragen. Molli ist verantwortlich für alle Reden bei solchen Gelegenheiten – selbst bei der Hauptversammlung, wenn der Präsident sich für das ihm erneut entgegengebrachte Vertrauen bedankt und hofft und wünscht und möge auch in Zukunft ... – also auch der Präsident vergißt nie, Molli zu erwähnen, weil er dann eines besonderen Beifalls sicher sein kann.
Beispielsweise im Frühjahr, wenn alle Plätze überfüllt sind und die meisten sauer, weil sie nicht drankommen – dann ist Molli kaum in Gold aufzuwiegen. Dann kann es passieren, daß Molli für abends zu einer Demonstration aufruft für alle die, die tagsüber nicht gespielt haben, und zwar ab halbacht im Clubhaus. Alle anderen müssen einen Fünfer zahlen, wenn sie auch teilnehmen wollen – dafür läßt Molli Freibier kommen, so daß jeder etwas davon hat.
Ich kenne Spieler, die haben noch nie auf dem Tennisplatz gelächelt, oder andere, die nichts als Buttermilch trinken und täglich zehn Kilometer joggen, oder noch andere, die sich ausschließlich von Joghurt ernähren mit Weizenkeimen – auf einmal sind sie alle da und trinken wenigstens ein kleines Helles. Am nächsten Morgen vertreiben sie dann ihr schlechtes Gewissen durch eine doppelte Portion Buttermilch, geben aber zu, daß es

ganz nett war. Und wir sollten das mal wieder machen, weil man sich doch auch menschlich näher käme.
Wenn Molli seine Rede nach der Clubmeisterschaft hält, hat er einen riesigen Silberpokal aus echtem Blech voller Schampus vor sich, aus dem jeder einen Schluck nehmen muß, der da erwähnt wird. Molli erwähnt jeden, der gerade da ist, inklusive des Lokalreporters von der Kreiszeitung, der sich geehrt fühlt – übermorgen steht dann im Blatt von der harmonischen Clubfamilie. Molli läßt keinen Kalauer aus, selbst wenn er aus der Zeit des Dreißigjährigen Krieges stammt – und jeder lacht sich halbtot darüber. Und auch Witze aus der gleichen Ära. Kennen Sie den von dem Schornsteinfeger, der splitterfasernackt in ein Nonnenkloster kommt? Ich auch nicht – aber es ist ein guter Anfang! Oder den: Geht einer in voller Fußballausrüstung mit Fahrrad und Tennisschläger in den Swimmingpool und sagt ... – was er sagte, habe ich vergessen, aber die anderen kugelten sich vor Lachen.
Molli kann auch jede Beleidigung anbringen, ohne daß sich einer getraut, böse und eingeschnappt zu sein. Haut er doch der Frau vom Präsidenten ins Kreuz und sagt, sie solle sich doch endlich den Büstenhalter abholen, den sie auf dem Rücksitz seines Wagens vergessen hat – wozu man natürlich erklären muß, daß die Präsidentengattin zweiundsiebzig ist und aus ihrer Schüchternheit erst aufwacht, wenn sie zwei Gläschen Himbeerlikör getrunken hat. Der Präsident, ein versierter Rotweintrinker, von dem man weiß, daß er zu Hause ein Regiment führt, welches jenem eines karibischen Potentaten nur wenig nachsteht, verschluckt sich jedes Mal, daß um sein Leben zu fürchten ist. Molli verweist dann auf die Nützlichkeit von Lebensversicherungen, macht der Frau Präsidentin als voraussichtlich lustiger Witwe einen vorsorglichen unsittlichen Antrag und meint zum Vizepräsidenten, er könne ja schon einmal einen ausgeben.
Worauf der Vizepräsident, der ja schon längst Präsident werden möchte, natürlich sofort den Silberpokal aus echtem Blech wieder füllen läßt. Molli geht damit dann zur Clubmeisterin und zeigt ihr, von welcher Seite sie trinken muß, damit sie auch ja die Mundfäule übertragen erhält, die im Moment so schrecklich grassiert.
Molli ist bei uns die Seele des Clubs und eine richtige Stimmungskanone. Im Privatberuf leitet er übrigens ein krisensicheres Bestattungsunternehmen. Molli sagt, wirtschaftlich kann ihm nichts passieren, weil, gestorben wird immer. Ähnlich krisensicher sei höchstens noch das Klo im Hauptbahnhof – das braucht man auch immer.

Tenniszuschauer
oder
Der unterworfene Mensch

Zuschauer beim Tennis unterscheiden sich ganz gewaltig von Zuschauern bei anderen Sportarten. Diese Tatsache wird allein durch die Unterwerfung bewiesen, die jeder Zuschauer beim Tennis zu akzeptieren hat. Andernfalls kann es ihm passieren, daß er trotz Zahlung eines Eintrittsgeldes hinausgeschmissen wird. Diese Gebühr verpflichtet den Veranstalter zu gar nichts – den Spieler zu noch weniger. Es kann einem beispielsweise passieren, daß man im März auf wundersame Weise Karten für ein Ereignis erhält, welches im Juli oder Mai stattfindet – man freut sich monatelang darauf, die größten Stars bei der Ausübung ihres Berufs zu sehen (wo sonst hat man schon Gelegenheit, Millionäre schwitzen zu sehen?) – aber wenn es dann so weit ist, spielen gar nicht die Stars, sondern irgendwelche Ersatzleute, von denen die Veranstalter dann sagen, daß gerade sie erst für die wirkliche Spannung sorgen. An Orten wie etwa in Wimbledon kann es auch regnen – dann findet kein Spiel statt, und man kann wieder nach Hause gehen. Zuschauer beim Tennis zu sein, bedeutet, ein Leben ohne Gewähr zu haben. Die Spieler würden am liebsten ohne Zuschauer spielen – den Veranstaltern würde es ausreichen, wenn die Fernsehanstalten so viel übertragen, daß die werbetreibende Wirtschaft rund um den Platz genügend zu zahlen bereit ist.
Gesetzt den Fall, man hat seinen Platz gefunden, sitzt darauf mit Sicherheit die Braut des berühmten Stars. Dann kommt der Veranstalter und sagt, man soll doch vernünftig sein und sich woanders hinsetzen. Auf diese Weise kommt man zu einem Stehplatz. Schimpfen kann man beim Tennis nicht, weil der Schiedsrichter in regelmäßigen Abständen immer wieder zur Ruhe mahnt. Man darf noch nicht einmal applaudieren, wenn einer der Spieler einen Topspin-Lob erläuft und den Ball durch die Beine in die entfernteste Ecke des Platzes fetzt – Applaus ist erst erlaubt, wenn der Ballwechsel beendet ist. Einmal vor vielen Jahren habe ich mich getraut, meine Tochter als unschuldiges Baby mit auf den Tennisplatz zu nehmen, auf dem ein wichtiges Spiel stattfand; als sie in die Stille begeistert ‚Ballaballa' rief, entgingen wir nur knapp der Lynchjustiz. Tennisspieler benötigen absolute

Stille – das unterscheidet sie von Fußballspielern, die gegen hunderttausend Pfiffe einen Elfmeter schießen müssen, oder auch von Boxern, die trotz heulenden Lärms sich darauf zu konzentrieren haben, vom Gegner keins vor die Fresse zu bekommen. Die Stille beim Tennis ist Tradition, und dagegen kann man nichts machen.
Wer alles das berücksichtigt und trotzdem zum Tenniszuschauen geht, vermag in der Tat einen schönen Nachmittag zu erleben. Wenn der Platz sonnig ist, kann man dabei auch eine gesunde Gesichtsfarbe erwerben. Manchmal gelingt es mir, einen Veranstalter davon zu überzeugen, daß ich eine Pressekarte bekomme. Das setzt zwar eine eingehende Überprüfung meines Vorlebens und meiner Einkommensverhältnisse voraus, hat aber den Vorteil, oft in unmittelbarer Nähe gerade unbeschäftigter Stars zu sitzen. Die anderen Leute auf den Presseplätzen sind zum größten Teil Familienmitglieder von Veranstaltern.
Die Nähe von Stars hat mich schon immer fasziniert. Einen jungen Mann namens Ivan Lendl, der aus dem Mährischen stammt, habe ich einmal dabei beobachtet, wie er völlig gedankenverloren einen Badeschuh vom Fuß streifte und mindestens eine Viertelstunde lang zwischen den Zehen polkste. Offensichtlich waren seine Bemühungen von Erfolg gekrönt, denn immer wenn er den Zwischenraum zwischen zwei Zehen gesäubert hatte, krümelte er das Ergebnis seiner Aktion zwischen Daumen und Zeigefinger kokett zu Boden. Einmal gelang es mir, direkt neben die englische Spielerin Virginia Wade zu sitzen zu kommen, die vor einigen Jahren Wimbledonsiegerin war. Sie ist eine sehr interessante Frau mit einer großen Nase und kühlen blauen Augen, die einen schönen Kontrast zu den dunklen Haaren bilden, die sie an diesem Tag stark gekräuselt trug, so daß sie ihr wie eine Wolke um den Kopf standen. Sie saß da und plauderte sehr amüsiert mit einer anderen Dame, die ein etwas herberer Typ war. Ich spielte schon mit dem Gedanken, diese Gelegenheit wahrzunehmen, um ein Interview zu machen, welches seinerzeit sicherlich Furore gemacht hätte. Gerade als ich mich überwunden hatte, ihr meinen Namen zu nennen und mein Anliegen vorzutragen, kam allerdings ein junger Mann, nannte seinen Namen, seine Zeitung und bat um ein Interview. Da sagte sie: "Why don't you fuck off!" Daraufhin nahm ich von meinem Ansinnen Abstand.
Was die Betrachtung von Starspielern anbetrifft, so weiß ich davon nicht so besonders viel zu sagen. Nehmen wir etwa ein Match zwischen dem Schweden Björn Borg und dem Argentinier Guillermo Vilas. Wie jedermann weiß, handelt es sich bei beiden um außerordentlich gute Spieler aus der Weltklasse. Deshalb haben sie überall kleine Abzeichen auf Hemd, Hose, Stirnband, Socken genäht, die auf die verschiedensten Firmen wie Luftfahrtgesellschaften, Automobilhersteller, Bierbrauereien und Erfri-

schungsgetränke hinweisen. Ein Tip für jeden Tennis-Zuschauer: Je mehr dieser Abzeichen ein Star trägt, desto besser ist er. Nicht etwa, daß die niedlichen Abzeichen sein Spiel verbessern – eher umgekehrt.
Von Borg ist zu sagen, daß er am liebsten von der Grundlinie aus spielt, und zwar mit starkem Topspin. Von Vilas muß man wissen, daß er ebenfalls den Ball von der Grundlinie spielt und über einen genauso stark entwickelten Topspin verfügt. Ein weitgereister Reporter sagte vor Beginn des Matches, daß er eine Verabredung mit einem süßen Mädchen habe – ihre Wohnung befände sich auch nur ein knappes Viertelstündchen entfernt und er wolle jetzt dorthin. Ich drückte meine Mißbilligung nur durch einen Blick aus und unterdrückte es, meine Meinung über diese mangelnde Berufsauffassung in Worte zu fasssen. Als er nach zwei Stunden mit sehr zufriedenem Gesichtsausdruck wieder erschien, spielte Borg immer noch seine mit starkem Topspin versehenen Bälle von der Grundlinie und Vilas tat dergleichen. Es stand fünfbeide. Im ersten Satz. Von jenem Reporter ist zu sagen, daß ich in der Zeitung am nächsten Tag einen glänzenden Bericht aus seiner Feder las. Seither glaube ich, daß viele Leute nur zum Tenniszuschauen gehen, weil die Spieler so berühmt sind – nicht etwa weil sie so interessante Matches liefern. Ich frage mich auch, wie es den Stars gelungen ist, so viel Berühmtheit zu erringen – natürlich getraue ich mich nicht, derartige Fragen in aller Öffentlichkeit vorzubringen. Sonst kriege ich beim nächsten Mal bestimmt keine Pressekarte mehr.
Das Beispiel des weitgereisten Tennisreporters gab mir allerdings zu denken. Ich verließ bei ähnlichen Auseinanandersetzungen wie jener zwischen Borg und Vilas dann auch einmal meinen Platz, suchte einen Würstchenstand (fünf Mark für eine lauwarme Labbrigkeit), einen Kaffeekiosk (dreifünfzig für eine ebenfalls lauwarme braune Brühe) und ein Kuchen-Buffett (vierfünfzig für ein innen noch tiefgefrorenes Ministück Bienenstich). Als sehr sinnvoll eingerichtet erwies sich die Pressebar. Dort gab es alles gratis, und außerdem hatte man einen Fernseher installiert.
Nun solle man ja nicht meinen, ich würde in meinem Leben als Zuschauer beim Tennis immer nur die großen Stadien dieser Welt aufsuchen, in denen sich laufend Borg und Vilas gegenüberstehen und Virginia Wade mit einer Bekannten spricht. Sehr oft kann man mich auch bei den Clubmeisterschaften sehen, wo die Beschaffung von Eintrittskarten ein weitaus kleineres Problem darstellt. Am allermeisten liebe ich in meiner Eigenschaft als Tenniszuschauer aber den Winter. Da gibt es nämlich Tennishallen, an deren einen Seite ein erfindungsreicher Tennishallenarchitekt eine gewaltige Glasscheibe errichten ließ. Hinter dieser Glaswand (vom Tennisplatz aus gesehen) befindet sich meistens ein Restaurant, in dem man hin und wieder gegen ein ordentliches Entgelt auch ordentlich essen und trinken

kann. Die Hauptsache ist aber, daß man durch die Glasscheibe von einem gemütlichen Tisch aus den Tennisspielern zuschauen kann. Selbst ein völlig verkorkstes Cordon Bleu kann einem nicht den Genuß verderben, Tennisspielern zuzuschauen, die dort angeblich ihre Gesundheit pflegen.
Während man die Speisekarte studiert und zunächst ein kleines Helles nimmt, kommt da plötzlich ein Pelz herein, in dem sich ein solargebräunter Typ befindet. Er hat eine Dame bei sich mit herrlichen langen blonden Haaren – sie trägt auch einen Pelz. Sie schleppen Taschen aus feinstem Leder mit sich, in denen sich mindestens ein halbes Dutzend Schläger, die teuersten Bälle und die aufregendsten Dresses befinden. Sie gehen durch das Lokal und verschwinden im Umkleideraum, weil sie ab halbacht den Platz für eine Stunde gemietet haben. Es dauert auch nur zehn Minuten – dann kann man die beiden sehen, wie sie auf der anderen Seite der Glasscheibe damit beginnen, ihr Spiel zu absolvieren. Ich schwöre: Es gibt als Tenniszuschauer nichts Interessanteres!
Innerhalb eines Viertelstündchens geraten die beiden in Dampf – dann gelingt es ihnen nicht mehr, den Bauch einzuziehen, und die Dame hat auch nicht mehr die schönen, locker fallenden Haare, sondern einen Haufen verkleisterter Strähnen. Jede Dame verliert einiges ihrer erogenen Ausstrahlung in diesem Zustand – und der Mann hat O-Beine, bleiche Beine, die einen seltsamen Kontrast zu seinem solargebräunten Teint bilden, und den bereits erwähnten Bauch, der über die lächerlichen Shorts hängt. Ich genieße es auch sehr (bei einem zweiten Hellen), die Schlagtechnik der beiden zu betrachten, die sich von jener der Herren Borg und Vilas doch recht stark unterscheidet. Hin und wieder wechseln sie auch Worte ernsteren Inhalts – leider kann man das nicht verstehen wegen der Glaswand. Der Vergleich mit der Aquariumsabteilung im zoologischen Garten hinkt – Forellen bewegen sich graziöser. Es ist mehr wie eine Peepshow, von der ich einmal gehört habe.
Nach einer Stunde köstlichen Amüsements hören die beiden auf und verschwinden wieder im Umkleideraum, aus dem sie dann wieder wie aus dem Ei gepellt erscheinen, um sich zum Abendessen niederzulassen. Von diesem Moment an ist an den beiden nichts Besonderers mehr zu entdecken. Aber in der Zwischenzeit sind längst neue Spielpartner eingetroffen, die ihren Vorgängern in nichts nachstehen. In früheren Jahren hatte ich hin und wieder den Wunsch, ebenfalls in der Halle Tennis zu spielen. Seit der Einführung der Glaswände habe ich nicht mehr daran gedacht. Aber als Zuschauer habe ich sehr viele herrliche Erlebnissse gehabt.

Mittagspausenspieler
oder
Der gewisse dumpfe Bürogeruch

Es scheint müßig, darüber zu diskutieren, wo die Gründe für die gewaltige Ausbreitung liegen, die dieses Spiel in den vergangenen Jahrzehnten erlebte. Sicher ist, daß es am Spiel selbst nicht liegen kann – es hat sich seit hundert Jahren nicht verändert, selbst die Preise für die dazu notwendigen Utensilien und die Plätze sind nicht menschlicher geworden. Weitaus logischer erscheint die Annahme, daß die wachsende Freizeit ihren Anteil von Schuld trägt – wobei das Wort Schuld in An- und Abführung gesetzt gehört. Aber Freizeit allein kann es nicht sein: Erstens gibt es unter den Tennisspielern kaum Arbeitslose, die ja mehr Freizeit haben, als sie gerne möchten – und zweitens müßte man dann die Gewerkschaften, die bei der arbeitenden Bevölkerung ja immer mehr Freizeit schaffen, als die eigentlichen Schöpfer der Tenniswelle ansehen. Da es aber keine Gewerkschaft mit eigener Tennisabteilung gibt, ist auch dieser Gedankengang einigermaßen sinnlos.

Gehen wir also davon aus, daß diese Freizeit als soziales Geschenk des Himmels anzusehen ist – selbst harte Sozialkämpfer haben nur selten den Mut, etwas gegen den Himmel zu sagen, denn ganz genau kann man nichts wissen ...

Die Freizeit also hat einen ganz besonderen Typus des Tennisspielers geschaffen. Genauer gesagt: Wir reden von der Freizeit zwischen zwölf und zwei – wenn man sich's einrichten kann (etwa bei gleitender Arbeitszeit) auch von der zwischen halbzwölf bis halbdrei. Die Rede ist von der Mittagspause.

Kein Mensch benötigt zwei oder drei Stunden zum Mittagessen – es sei denn, er frequentiert ein französisches Restaurant auf Spesen. Aber selbst solche Fälle kommen höchstens ein- oder zweimal die Woche vor – während der anderen Tage bleiben Kantine, McDingsbums, Hühnerhugo oder die Kneipe mit den Gerichten nach Hausmacherart. In einem solchen Etablissement ist man nach zwanzig Minuten fertig – höchstens eine halbe

Stunde. Und aus der Restzeit sind die Mittagspausentennisspieler entstanden.
Es liegen bisher keine bekannten empirischen Untersuchungen vor, aus denen zu ersehen wäre, ob diese Spieler nach ihrem schweißtreibenden Vergnügen am Arbeitsplatz wieder besonders leistungfähig wären. Da sie allerdings recht oft nicht die Gelegenheit besitzen, vor ihrer erneuten Eingliederung in einen Arbeitsprozeß zu duschen, verbreiten sie in der Regel einen etwas dumpfen Geruch, der vor allem in den Wintermonaten, da man die Fenster nur ungern öffnet, störend sein kann. Wer gegen dumpfe Gerüsche allergisch ist, hat nur zwei Alternativen: Entweder wechselt er die Stellung, oder er beginnt selbst damit, in der Mittagspause Tennis zu spielen.
Selbstverständlich spielen Mittagspausenspieler nach den gleichen Regeln wie Spieler am Feierabend oder am Wochenende – genauere Beobachtungen lassen jedoch erkennen, daß sie auf eine ganze Reihe von Äußerlichkeiten gesteigerten Wert legen. Es ist völlig klar, daß ein Mittagspausentennisspieler-Chef seine Tennissachen in einem Leder-Etui transportiert, welches ungefähr die Hälfte des Monatseinkommens seines Mittagspausentennisspieler-Untergebenen kostet. Meistens dunkelrotes Saffian mit bronzenen Schließen und ebensolchen Initialen. Schläger, Schuhe, Pullover etcetera stehen im ähnlichen Verhältnis. Früher soll es einmal so gewesen sein, daß manche Chefs es nicht gerne sahen, wenn Untergebene größere Wagen fuhren als sie selbst – im Zeichen steigender Ölpreise ist das heute anders. Heute achten sie eher darauf, ob der Untergebene einen Schläger benutzt, der zwei Hunderter teurer ist, und argwöhnen, woher der Mann das Geld hat.
Allen gemeinsam ist jedoch eine nicht zu leugnende Nervosität, die sich nicht nur durch häufige Blicke auf die Uhr auszudrücken pflegt. Man könnte sich vorstellen, daß ein im Laufe des arbeitsamen Vormittags aufgebauter Frust sich hier entlädt – ein Frust, der in der Erwartung weiteren Frusts am Nachmittag besonders hartnäckig ist.
Mir ist dabei vor allem ein liebenswürdiger Mensch vor Augen, der seinen Lebensunterhalt damit verdient, bei einer großen Zeitung die noch größeren Überschriften zu machen, die zum Verkauf des Blattes nicht unerheblich beitragen. Dieser freundliche Mensch, dessen Aufgabe es tagein tagaus ist, Worte wie „Außenhandelswirtschaftskonferenz" oder „Raketenabschußbasenverhandlung" in Überschriften zu verwandeln, die nicht mehr als zehn Buchstaben haben dürfen, ist jeden Mittag auf dem Tennisplatz zu finden – er hat nur selten glaubhafte Gelegenheiten zu Spesen. Er fährt immer mit quietschenden Reifen vor, kommt widerwillig auf den Platz, sagt nichts und beginnt, sich auszutoben. Es gibt überhaupt

keinen Ball, um den er nicht streitet – wenn der andere tatsächlich besser ist, beschimpft er ihn auf das niedrigste – ich habe gesehen, wie er nach einer Niederlage hintereinander vier Schläger zertrat – ein andermal warf er den verbogenen Metallschläger nach einem Doppelpartner wie Winnetou es mit der Streitaxt tut – er verpaßte den Partner am Kopf nur um Millimeter. Nach etwa zweistündigem Krawall steigt der Überschriftenmacher in seinen Wagen und fährt wieder an seinen strapaziösen Arbeitsplatz – dort ist er die Nettigkeit in Person.
Ein anderer, den ich einen Freund nennen möchte, gilt als ausgesprochen seriöser Verleger, ernthafter Verhandler, sorgenerfüllter Menschenführer mit einer begnadeten Hand für schöne Auflagen. Wenn er in der Mittagspause auf dem Tennisplatz erscheint, hüpft er herum wie ein Füllen auf der Weide, macht tausend Späßchen, geht die verrücktesten Wetten ein und hinterläßt nach Beendigung seiner sportlichen Eineinhalbstundenferien ein gähnendes Loch – es ist immer ein Loch dort, wo gerade eben noch Frohsinn war.
Die Mittagspausentennisspieler haben zweifelsohne dazu beigetragen, einen Boom bei jenen professionell betriebenen Anlagen einzuleiten, die nicht zu einem Club gehören, sondern gegen Entrichtung eines gewissen Entgeltes von jedermann benutzt werden dürfen. In richtiger Erkenntnis der Wirtschaftslage haben manche Unternehmer ein kleines Restaurant neben den Tennisplatz gebaut, in dem sie alles anbieten, was man woanders auch erhält – nur spart man hier die Zeit, die man für den Umzug von anderen Restaurants zum Tennisplatz ja benötigt. Man kann sogar vorher anrufen und einen Tennisplatz mit Kotelett bestellen, und Salat.
Im Laufe einer gewissen Zeit ergibt sich hier sogar ein Gemeinschaftsgefühl, welches jenes in richtigen Clubs weitaus übertrifft. Man kann hier ohne Übertreibung von einem Mittagspausentennisspielerclub sprechen. Dieses Gemeinschaftsgefühl drückt sich vor allem darin aus, daß es Neulinge und Außenseiter ablehnt. Ich erinnere mich eines sehr kroß gelungenen Spanferkelbratens (mit Speckkraut), zu dem mich ein befreundeter Rechtsanwalt einlud (anschließend hatten wir selbstverständlich für eine Stunde den Platz gemietet), als plötzlich ein großer Wagen vorfuhr, dem zwei sehr schnieke im Tennis-Dress gewandete Damen entstiegen. Sie unterhielten sich kurz mit dem Wirt und Tennisplatzvermieter, der ihnen zunickte – nicht ohne vorher unseren noch nicht einmal zur Hälfte verzehrten Braten examiniert zu haben. Ich hörte, wie er sagte: „Aber nur eine halbe Stunde!“
Es hätte mich nicht weiter gestört, die beiden Damen vor uns auf dem Platz zu sehen – vor allem in Anbetracht des tatsächlich sehr knusperigen Spanferkels (mit Speckkraut), zu dem ich noch Bier zu nehmen gedachte.

Aber mein Gesprächspartner, ein Mensch mit schon beruflich bedingt gepflegten Sitten, zischte plötzlich: „Eine Unverschämtheit – diese Weiber trampeln den ganzen Platz kaputt – ich werde dem Wirt die Meinung sagen – was bildet dieser Mensch sich ein!" Es gelang mir – im Hinblick auf weitere Spanferkel – wenigstens, die helle Wut vom Wirt auf die beiden Damen zu lenken, die da wirklich stilreine Schläge produzierten. Mein Freund sprang mit einem Male auf, stürzte hinaus auf die Terrasse, von wo aus er mit drohenden Gebärden und bösen Worten ein sofortiges Verschwinden anordnete. Die beiden Damen folgten dieser Aufforderung sehr schnell und gehorsam – eine Tatsache, die ich später lobend erwähnte, als wir unser Spielchen absolvierten. Der Rechtsanwalt-Freund war da schon wieder der gepflegt-gesittete Mensch und pflichtete mir mit leichtem Bedauern bei: „Vielleicht war ich ein bißchen grob – ich hätte nicht gleich sagen sollen, sie mögen sich zum Teufel scheren!"

Die Mittagspausentennisspielerclubs sind in unserer Gesellschaft ein wichtiger Faktor geworden – vergleichbar vielleicht traditionellen englischen Clubs, in dem die Lords sich über Aktien, Pferderennen und das Wetter unterhalten. In Mittagspausentennisspielerclubs können reisende Vertreter der verschiedenen Branchen ihre Erfahrungen austauschen – es besteht die Möglichkeit, geschäftliche Transaktionen zu besprechen, Beziehungen anzuknüpfen oder zu vertiefen, Auseinandersetzungen zu bereinigen und solche zu schaffen, wenn sich sonst keine andere Gelegenheit bietet. Ein Mittagspausentennisspielerclub ist weitaus unverbindlicher als ein richtiger Tennisclub, wo man die Mitglieder immer wieder trifft und schon allein aus diesem Grunde gewisse Rücksichten zu nehmen hat. Ich kenne jemand, der von Montag bis Freitag jeden Mittag eine andere Anlage dieser Art aufsucht und sowohl gesellschaftlich wie geschäftlich als sehr erfolgreich gilt. Richtig tennisspielen hat er allerdings nicht gelernt – selbst nicht am Samstag und Sonntag, wo er in seinem Tennisclub e.V. weilt.

Gegen Mittagspausentennisspieler ist im Grunde überhaupt nichts zu sagen – außer, daß sie manchmal einen gewissen dumpfen Geruch verbreiten.

Tapferkeit
oder
Blut ist besser als Beulen

Mit außerordentlichem Interesse habe ich immer die tapferen Spieler beobachtet, die trotz schwerster Verletzungen ein Match siegreich beendeten. Mir sind da Fälle erinnerlich, bei denen sich den Zuschauern geradezu der Magen umdrehte, wenn der eine der Spieler mehr kriechend als humpelnd zurück zur Grundlinie wankte, um dann mit einem gewaltigen Aufschlag die Auseinandersetzung zu beenden. Oder auch andere, wo jeder sensible Mensch zu erkennen vermochte, daß die Hitze den einen der Konkurrenten völlig verwirrte – er erkannte Weib und Kind nicht, schüttelte dem Schiedsrichter völlig unmotiviert die Hand und ging beim Seitenwechsel auf die falsche Platzhälfte. Wiederum andere quälten sich offensichtlich am Rande eines Infarkts, preßten die Hand immer wieder an die linke Brust – alles Bilder des Jammers. Auffallend ist dabei allerdings die Tatsache, daß es in weitaus den meisten Fällen jene eben noch bemitleidenswerten Kreaturen waren, die den Lorbeer davontrugen.

Die daraus resultierenden Überlegungen sind recht einfach: Verletzungen sind nützlich im Kampf gegen labile Naturen, die man besonders unter solchen Spielern oft findet, die durch ihren reinen Stil viele Pokale gewonnen haben. Unter der Vielzahl von möglichen Lädierungen, die ein Match auf den Kopf stellen können, sind mir vor allem zwei Möglichkeiten besonders eindrücklich im Gedächtnis geblieben – und das, weil sie in ihrer Durchführung ein hohes Maß an Selbstüberwindung, Disziplin und eisernem Training verlangen. Selbstverständlich könnte man einen ganzen Band mit Tennis-Verletzungen füllen, – aber keine von ihnen erfüllt so vollkommen die Voraussetzungen für den glücklichen Ausgang eines Tenniskampfes wie diese beiden.

Als besonders dankbares Studienobjekt für Verletzungen nahm ich Herrn Rosenbaum in Anspruch, der in unserem Club als pünktlicher Beitragszahler, stiller Biertrinker und eifriger Punktesammler der dritten Mannschaft gilt. Das mit der dritten Mannschaft ist durchaus nicht abwertend aufzufassen: Herr Rosenbaum hätte längst das Alter für die Senioren, so daß sein Auftreten in der dritten aller Achtung wert ist.

Es fiel mir nach längeren sorgsamen Recherchen auf, wie Herr Rosenbaum innerhalb von drei Jahren zwei wichtige Punktspiele gewann, nachdem er zuvor mit voller Wucht an den Netzpfosten gerannt war und praktisch bewußtlos zu Boden sank. Die Wiederholung der beiden, praktisch deckungsgleichen Vorgänge veranlaßte mich, zu späterer Stunde Herrn Rosenbaum in ein Gespräch zu verwickeln, was insofern leicht fiel, weil er still in der Ecke ein Bier trank, während eine laute Gruppe an der Theke des Clubhauses den von ihm errungenen Sieg feierte. Herr Rosenbaum wirkte überrascht: „Wie meinen Sie das – wollen Sie sagen, daß ich – das ist doch nicht Ihr Ernst???“

Ich beruhigte Herrn Rosenbaum, und es gelang mir, sein Mißtrauen durch die Bestellung zwei weiterer Biere abzubauen – ich sagte: „Aber lieber Herr Rosenbaum – erstens hat es niemand außer mir gemerkt, zweitens haben Sie es ja zum Wohle des Clubs getan, und drittens werde ich darüber schweigen. Also bitte ...“ Ich glaube nicht, daß mein Hinweis, ich würde es jedermann erzählen, wenn er nicht auspackt, als erpresserisch gedeutet werden darf – ich nehme nur gern jede Gelegenheit wahr, meinen Wissensdurst zu stillen.

Herr Rosenbaum hub an: „Der Lauf gegen den Netzpfosten ist in technischer und taktischer Hinsicht eine Sache, die jahrelanges Training, minutiöse Vorbereitung und genaues Timung verlangt. Es ist nur mit der ernsthaften Arbeit eines Stuntman zu vergleichen, der aus einem fahrenden Güterzug oder einem Flugzeug springt – in diesem Fall sind Sie allerdings der Schauspieler, der ohne Stuntman arbeitet, was immer wieder lobend erwähnt wird. Was die terminliche Festlegung des Zusammenpralls mit einem Netzpfosten anbelangt, so gibt es zwei Grundregeln: Er hat nur einen Sinn, wenn es – sagen wir – vierbeide im dritten Satz steht. Ein Netzpfostenzusammenprall im ersten Satz bei 0:1 ist völliger Blödsinn und sinnlos. Die Außergewöhnlichkeit des Zwischenfalls läßt es außerdem angeraten sein, den Netzpfostenzusammenprall höchstens jede Saison einmal zu zelebrieren. Beim häufigeren Einsatz kann es geschehen, daß das Erinnerungsvermögen von Zuschauern und Gegnern der eigentlichen Wirkung abträglich ist.“

Herr Rosenbaum nahm einen Zug aus dem Bierglas, bevor er fortfuhr: „Wichtig ist auch die rein tennistechnische Vorbereitung – kein Mensch rennt während eines Grundlinien-Duells gegen den Netzpfosten. Man muß also einen Stopball üben, der für den Gegner erreichbar ist. Dieser Stopball sollte möglichst in der Nähe der Außenlinie des gegnerischen Feldes aufprallen – man rückt bei diesem Ball ans Netz vor, und zwar so, als ob man einen Ball längs der Linie erwartet – dabei läßt man dreiviertel des Platzes weit offen, wohin der Gegner natürlich seinerseits den Ball zu befördern trachtet. Nun ist der Moment, der ganz entscheidend ist: Sie starten zu einem irren Sprint nach dem für Sie sowieso unerreichbaren Ball – und dabei kommt es zum Zusammenstoß mit dem Netzpfosten auf der anderen Seite."

Ich sagte: „Genial!" Herr Rosenbaum schien ein wenig stolz: „Es hat Jahre gedauert, bevor ich den Zusammenprall mit dem Netzpfosten richtig beherrschte. Selbstverständlich hat es keinen Sinn, mit dem Kopf so stark dagegenzufallen, daß eine Bewußtlosigkeit auftritt, die eine Fortführung des Kampfes unmöglich macht. Ähnlich hinderlich sind offene Brüche des Arms oder des Beins sowie innere Verletzungen, die man zudem nicht sieht. Ich habe es mir angewöhnt, in tief gestreckter Haltung mit der Schulter das Netzseil wenige Zentimeter vor dem Pfosten zu treffen – daraufhin schlage ich den Schläger gegen den Pfosten, was immer ein hartes Geräusch gibt – dann rolle ich zu Boden und liege erst einmal da. Man tut ein übriges, indem man sich ein wenig wälzt und stöhnt. Mit Sicherheit werden nun Freunde kommen, auch der Gegner, der Schiedsrichter – selbst Unbeteiligte, die bisher auf anderen Plätzen zuschauten, werden herbeieilen, da jeder gern ein Desaster möglichst aus der Nähe verfolgt. Ich warte in diesem Falle ab, bis mich zwei oder drei kräftige Leute zu einem Stuhl tragen, den man zuvor schon bereitgestellt haben kann. Ein wichtiger Augenblick tritt dann ein, wenn der Gegner mit bedauerndem Achselzukken damit beginnt, seine Sachen einzupacken. Ich warte immer, bis er den Schläger in die Hülle steckt – dann stehe ich auf, greife zum Handtuch, wobei ich ein wenig schwanke, und beginne die Reinigung des Schlägergriffs. In allen Fällen war es bisher so, daß mir jedermann zuredet, es doch bleiben zu lassen – es würde ja nicht gut gehen – und es sei doch nur ein Spiel, bei dem man doch die Gesundheit nicht auf dasselbe setzen solle. Natürlich lasse ich mich nicht abhalten. Ich schüttelte den Kopf – eine Bewegung, die ich Boxern nach einem Niederschlag abgeschaut habe – und schreite zur Grundlinie. Während der Gegner wieder seinen Schläger auspackt, stehe ich da und blicke auf die Schuhspitzen. Die Punkte, die mir zum Matchgewinn fehlen, hole ich danach in wenigen Minuten!"

Herr Rosenbaum blickte mir sinnend mit einem kleinen Lächeln in die Augen. Ich bestellte noch zwei Bier und sagte: „Ihre Leistung ist bewunderungswürdig – der Aufbau, die Dramaturgie, die Abwicklung – ein Beispiel für Organisationstalent, psychologisches Einfühlungsvermögen und verständnisreiche Koordination. Haben Sie jemals an die Erweiterung ihres Repertoirs gedacht?"

Ein bescheidener Stolz überzog sein friedliches Gesicht – er flüsterte: „Sie haben es nicht bemerkt? Es ist Ihnen wirklich noch nie aufgefallen?" Ich wußte nicht, wovon er sprach und sagte: „Nun – Sie meinen ...!"

Herr Rosenbaum nickte eifrig: „Richtig – ich weiß es – es gibt nur einen einzigen Menschen, der über eine solche Beobachtungsgabe verfügt – nur Sie! Und wie finden Sie mich?"
Ich log: „Stark – sehr stark!" Herr Rosenbaum wirkte jetzt ernster: „Wissen Sie, daß ich jahrelang daran gearbeitet habe? Und ich schwöre Ihnen, daß nichts auf der Welt für einen Tennisgegner so verwirrend ist wie Blut!" Er nahm einen Schluck und erklärte: „Ich habe es bei einer Catcher-Veranstaltung gesehen. Sie tragen da kleine Bläschen mit rotem Farbstoff in den Nasenlöchern – wenn man ein wenig zu stark draufdrückt, fließt der rote Farbstoff über das Gesicht und hinterläßt nicht nur beim Zuschauer, sondern auch beim Gegner unauslöschliche Eindrücke. Ich beschloß, dieses Phänomen auch bei diesem Spiel zu benutzen – aber trotz vieler Versuche habe ich mit den Bläschen nicht genügend befriedigende Resultate erzielt. Es kann geschehen, daß die Bläschen zu einem Zeitpunkt platzen, an dem es absolut nichts einbringt und nur Erstaunen auslöst. Ich habe deshalb daran experimentiert, wie man zu richtigen Wunden kommt!"
Ich wiederholte mich: „Sie meinen ...!"
Herr Rosenbaum: „Es war übrigens der Grund, warum ich auf einen Metallschläger umgestiegen bin. Es geht zwar auch mit einem Holzrahmen, aber der Schmerz ist größer, und falls es nicht gelingt, die Haut zu ritzen, gibt es lediglich Schwellungen und blaue Flecken, die längst nicht die Wirkung von Blut haben!"
Ich platze nahezu: „Und wie stellen Sie es an?"
Herr Rosenbaum sah nun so aus, wie jener Sanitäter, bei dem ich vor Jahren einmal einen Erste-Hilfe-Kursus absolvierte: „Zunächst einmal gilt es, genau jene Stellen zu lokalisieren, die als gut durchblutet gelten und direkt unter der Haut Knochen aufweisen. Der Knochen ist wichtig, da sonst die Haut beim Aufprall des Schlägers nicht platzt. Beispielsweise am fleischigen Oberschenkel platzt die Haut nicht – es gibt nur blaue Flecken, die man auch an niedrigen Tischen zu Hause am Sofa erreichen kann. Außerdem müssen diese Stellen mit dem Schläger gut erreichbar sein – das Schienbein ist ein geradezu idealer Ort. Es ist hart durch den direkt unter der Haut liegenden Knochen und gut durchblutet – es wird nur noch übertroffen durch die Stirn kurz über der Augenbraue!"
Herr Rosenbaum nahm meine Verblüffung gar nicht zur Kenntnis: „Bleiben wir zunächst beim Schienbein. Falls Sie Rechtshänder sind, empfiehlt sich hier besonders das linke Schienbein kurz unter dem Knie – und zwar beim Aufschlag. Das Geheimnis liegt hier beim richtigen Durchschwung – man wirft den Ball wie bei einem gewöhnlichen Aufschlag nach oben, vollzieht mit dem Schläger die ordnungsgemäße Schleife – man trifft und zieht den Schläger in einem Schwung weiter bis

gegen das Schienbein, welches bei richtiger Durchführung platzt und blutet. Es kommt manchmal vor, daß das Blut nur in einem kaum sichtbaren Rinnsal in die Socken läuft; in einem solchen Falle ist es angebracht, das Ganze mit der Hand ein wenig zu verschmieren – die Hand muß man dann allerdings am Hemd säubern, welches allerdings nie rot sein darf, auch dunkelblau ist nicht gut – am besten sind ganz weiße Hemden ohne allen modischen Schnickschnack darauf. Ich habe sehr schöne Wirkungen damit erzielt – selbstverständlich muß man alle Hilfeleistungen wie Heftpflaster oder Verbände strikt ablehnen – der ganze Sinn der Aktion wäre sonst für die Katz'!"

Ich war gebannt von den Worten Herrn Rosenbaums: „Und wie erhält man eine Platzwunde an der Stirn oberhalb der Augenbraue?" Herr Rosenbaum: „Nie bei einem Rückhandschlag – immer bei einer Vorhand – genauer gesagt, bei einer tiefen Vorhand, die im vollen Lauf geschlagen wird. Eventuell geht es auch bei einem Lob des Gegners, dem man hinterläuft, wobei man versucht, den Ball über die Schulter zurückzuschlagen. Natürlich setzt diese Verletzung noch weit mehr Übung voraus – dafür ist die Wirkung auch dementsprechend. Man glaubt gar nicht, wieviel Blut aus einem kleinen Kratzer über der Augenbraue über das Gesicht laufen kann! Es gibt keinen Gegner, der beim Anblick eines blutüberströmten Kontrahenten immer noch so weiterspielt wie zuvor! Aus einleuchtenden Gründen kann man aber auch diese Verletzungen nur zwei- oder dreimal während eines Jahres einsetzen. Nicht nur wegen der Glaubwürdigkeit, sondern auch wegen des kleinen Pflasters, welches zu tragen man ja doch für ein paar Tage gezwungen ist. Keiner kann permanent mit einem Pflaster auf der Stirn herumlaufen!"

Herr Rosenbaum schwieg plötzlich, nachdem sich zwei weitere Herren zu uns an den Tisch setzten. Ich versuchte später noch einmal in ihn zu dringen, um eventuelle weitere Verletzungsmöglichkeiten von ihm zu erfahren, aber ich hatte den Eindruck, er sei nun doch ein wenig mißtrauisch geworden – vielleicht glaubte er gar, ich würde sein Geheimnis weitergeben. Dabei habe ich wirklich nicht die Absicht. Ich schwöre es.

Der Hausgast oder Pink Floyd ist kein Tennisspieler

Eine der schönsten Erfahrungen, die man als treusorgender Hausvater und beitragszahlendes Clubmitglied machen kann, ist die Mitteilung eines bevorstehenden Turniers – verbunden mit der Frage, ob man denn gewillt sei, einen lieben Gast aufzunehmen. Nur für ein paar Tage, und um die Vereinskasse von teuren Hotelkosten zu entbinden, und weil man doch so ein geräumiges Haus habe.

Um ehrlich zu sein: Ich kann stockfremde Leute in meinem Hause nicht leiden, nicht einmal für ein paar Tage – und was die Geräumigkeit meines hypothekenbeladenen Heimes angeht, so bleibt da für Gäste nur ein winziges Kämmerchen unter dem Dach. Meine Frau sagt: „Man könnte vielleicht das Arbeitszimmer ..." Ich sage: „Nein!"

Aber da an diesem warmen Frühsommerabend auf einmal alle sagen, daß sie selbstverständlich zur Entlastung der Vereinskasse beitragen wollen, kann ich mich schlecht ausschließen. Außerdem ist es nur ein Jugendturnier. Jugendliche sind mit Sicherheit besser zu handhaben als Erwachsene, die sich eventuell verlieben und dann flüsternd über die Treppe schleichen. Außerdem kann man die Möglichkeit nicht ausschließen, daß ich jemanden zugeteilt erhalte, der in wenigen Jahren der neue McEnroe ist – es wäre schön, einen solchen jungen Menschen nach dem Wimbledonsieg aufzusuchen, ihm auf die Schulter zu klopfen und zu sagen: „Hallo John!" Und er fällt einem um den Hals (vor der versammelten Weltpresse) und schluchzt: „Nur Dir mein väterlicher Freund habe ich alles zu verdanken!"

Er sollte während des Vormittags eintreffen. Ich sandte meine Frau zum Bäcker und wartete geraume Zeit mit den frischen Brötchen. Mittags hatte ich Steaks geordert, weil junge Sportler immer Steaks essen – meine Frau hatte jenen Blick, den ich für den Tod nicht ausstehen kann – sie murmelte: „Wenn Du das Geld der Sporthilfe überweist, bekommst Du wenigstens eine Quittung für die Steuer!" Ich sagte: „Warum sollen wir nicht einem jungen Menschen helfen, ohne an die Steuer zu denken? Er ist doch sicherlich ein Kind!" Er kam kurz vor dem Abendessen – er sei zwar schon früh dagewesen, aber dann habe er einen Kumpel getroffen, mit dem er das Doppel bei den Jugendmeisterschaften bestritt – sie hätten ein paar Bälle geschlagen. Ich meinte, daß man von morgens um zehn bis abends um halbsechs mehr als nur ein paar Bälle schlagen könne. Er sagte, sein Name sei Heinz und er sei die Nr. 5 in der Leistungsgruppe des Verbandes, außerdem käme er aus Schleswig-Holstein.

Nun muß man wissen, daß ich überhaupt nichts gegen Schleswig-Holstein habe – im Gegenteil: Ich liebe die Geest mit ihrer sanften Flachheit, die platte Marsch, die holsteinische Schweiz, die Förde, an der ich selbst einmal lebte, als ich ein Junge war wie unser Gast. Nur: Schleswig-Holstein hat noch nie in seiner meerumschlungenen Geschichte einen Tennisspieler von Weltklasse hervorgebracht. Dieses Wissen deprimierte mich ein wenig im Hinblick auf eine Zukunft, in der ich mich am Ruhm meines Gastes zu wärmen trachtete. Meine Frau fragte, ob er Hunger habe. Heinz sagte: „Ein bißchen – kaum der Rede wert!" Er aß ein Viertelpfund Schinken (holsteinischen), vier Eier, sechs große Scheiben Brot, leerte einen Topf Quitten-Gelee (den ich sehr mag) und trank zwei Liter Milch. Dann ging er in das Zimmerchen unter dem Dach, wo er eine Viertelstunde lang Volleys gegen die Wand übte. Meine Frau sagte, er hätte ihr zu verstehen gegeben, er sei Sechzehn, aber jeder würde ihn für älter halten.

Am nächsten Morgen um neun ging ich hinauf, um ihn zu wecken – trotz des Widerstandes meiner Frau, die da meinte, junge Leute schlafen nun einmal gern länger. Ich sagte: „Wenn er sich nicht früh genug an das harte Leben gewöhnt, wird nie einer aus ihm. Um die Zeit hatte ich früher schon einen Waldlauf hinter mir!" Heinz kam nach einer Weile die Treppe herab. Immerhin sagte er etwas Freundliches: „Sie haben einige schöne Bücher da herumstehen!" (Man muß wissen, daß sich in meinem Hause mehrere tausend Bände befinden – einige von ihnen alt und wertvoll. Und das nennt er einige Bücher ...) Anschließend leerte er den Frühstückstisch mit der Urgewalt eines Heuschreckenschwarms. Ich wollte eigentlich einige Telefongespräche erledigen, aber er hatte das Gerät belegt – seine Eltern. Natürlich verstand ich die Fragen nicht, konnte sie aber aus den Antworten Heinzens deuten. Mit einem müden Blick auf meine teuerste Grafik: „Ja – ganz nett!" Mit einem Blick auf das abgefressene Frühstück: „Es geht!" Mit einem Blick auf mich: „Ungefähr sechzig!" Letzteres erboste mich besonders, weil ich nicht einmal fünfzig bin und außerdem immer jünger geschätzt werde.

Heinz stand schließlich da und fragte, wie er nun auf die Tennisanlage komme. Ich sagte: „Ich bringe Dich hin – vielleicht können wir ein paar Bälle schlagen!" Heinz gähnte nickend – besser: nickte gähnend. Im Club waren lauter weitere Heinzens, die sich alle bewegten wie Borg oder Vilas – mit einer unendlich schlappen Müdigkeit, als ob sie die Last der ganzen Welt auf ihren pickeligen Schultern zu tragen hätten. Ich muß zugeben, daß Heinz über einen Bomenaufschlag verfügte und eine Vorhand, die jener von Ivan Lendl nur wenig nachstand. Rückhand und Volley erschienen mir verbesserungswürdig. Als wir zum Mittagessen schnell heimfuhren, erklärte ich meiner Frau in der Küche, daß Heinz das ganze Turnier gewinnen könne. Sie hörte kaum zu – sie bereitete zwei Hühner zu, eins für Heinz, das andere für uns beide.

Am Nachmittag gewann Heinz die erste Runde gegen einen von diesen dünnen Bengels, die mindestens einsneunzig lang sind, 6:0, 6:0. Heinz sagte träge: „Nullnull!“ Ich hatte dann verschiedenes zu erledigen, wobei ich lässig in jede Unterhaltung einfließen ließ, daß mein Hausgast gerade dabei ist, das große Jugendturnier zu gewinnen: „Erste Runde Nullnull – klare Sache – dufter Typ – unheimlich stark – super!“

Selbstverständlich wartete ich abends auf ihn. Ein ungefähr Neunzehnjähriger brachte ihn im Porsche des Vaters, was ich mit Stirnrunzeln zur Kenntnis nahm. Meine Frau öffnete die Tür. Der Neunzehnjährige sagte: „Hallo Baby!“ Er ging einfach an ihr vorbei und fläzte sich in meinen Lieblingssessel, von wo aus er ein Gespräch mit Heinz über Pink Floyd begann. Es dauerte eine Weile, bevor ich bemerkte, daß Pink Floyd kein Tennisspieler ist, sondern ein Rockmusiker. Mich nahmen sie gar nicht wahr – schlimmer: sie ignorierten mich nicht einmal. Nur einmal drehte sich der Porsche-Sohntyp zu mir, wies mit dem Daumen nach draußen, wo meine Gattin das Abendbrot geschäftig klappernd vorbereitete – er näselte: „Deine Tochter, Opa?“ Daraufhin erzählte Heinz die Geschichte, wie er einmal bei einer Witwe einquartiert war – er sagte: „Ende dreißig – na ich kann Dir sagen ...“ Was er dann sagen konnte, sagte er doch nicht, weil meine Frau zum Abendesssen bat.

Heinz verlor in der zweiten Runde gegen einen anderen langen Dünnen. Er gewann den ersten Satz im Tie Break, verlor den zweiten ‚zu Vier‘ und den dritten ‚zu Null‘. Heinz war erstmals etwas gesprächiger: „Haben Sie jemals so viel Pech gesehen? Das gibt es doch gar nicht! Vier Netzroller – und jedes Mal Spielball! Ich möchte nur wissen, wer mich ausgerechnet auf diesem Platz angesetzt hat – das war doch ein Acker! Kein Ball sprang so, wie er sollte! Und dann erst der Schiedsrichter! Ich schwöre Ihnen – blind war der, wirklich blind!“ Ich schwieg. Nur den Gastgebern des dünnen Langen warf ich einen haßerfüllten Blick zu, als sie den Lulatsch abbusselten – so als würden sie ihn adoptieren.

Heinz war noch im Doppel drin. Es sollte am frühen Abend stattfinden – ich wartete. Heinz war auf einen der hinteren Plätze gegangen, ein paar

Bälle schlagen. Er begann damit kurz vor drei und kam um viertelnachacht wieder, das Doppel hatte man auf den nächsten Tag verlegt. Gegen neun waren wir zu Hause. Die Frau des Hauses machte wieder jenes Gesicht, was ich auf den Tod nicht ausstehen kann – sie hätte dreimal Tee aufgeschüttet und das Rührei sei kalt. Heinz sagte, daß er kaltes Rührei nicht mag. Dann fragte er, ob noch einer etwas wolle – und als ich nicht schnell genug reagierte, schaufelte er das kalte Rührei in sich hinein. Ich habe nie vorher oder nachher jemand gesehen, der so schnell so viel Rührei fraß. Meine Frau blickte gerührt – vor allem als ich ihr unvorsichtigerweise erzählte, daß der Porsche-Sohntyp sie gestern abend für meine Tochter gehalten habe – sie sagte „Ach ja, die jungen Burschen ..." Was auch immer sie damit meinte, es stimmte mich nicht froh.

Abgesehen von der Tatsache, daß unser Gast am nächsten Tag zwei Runden im Doppel gewann (was ihn sofort veranlaßte, wieder die lethargische Schweigsamkeit der Borg und Vilas zur Schau zu tragen), gab es am Abend ein Grillfest im Club, welches Gäste und Gastgeber einander näher bringen sollte. Natürlich begann es, wie immer bei solchen Gelegenheiten, bald zu regnen. Wir mußten auf der überdachten Terrasse und im Clubhaus zusammenrücken. Ich versorgte Heinz mit vierundzwanzig Rostbratwürstchen und sieben Koteletts, Nachtisch holte er sich selber, viermal. Als ich gut gelaunt damit begann, ihm von der Meisterschaft zu erzählen, bei der ich in der ersten Runde fast den Favoriten ausschaltete, blickte Heinz abwesend vor sich hin, ohne auch nur die Spur von Interesse zu zeigen. Meine Frau sagte: „Jetzt laß doch den Jungen – die alten Geschichten interessieren ihn doch nicht!" Ich: „Was soll das denn? Natürlich interessiert er sich dafür – muß ihn doch interessieren – wenn ich denke, wie wir früher ..." Heinz unterbrach mich: „Die Qualmerei hier geht mir echt auf den Geist!" Ich drückte die Zigarette aus, aber er stand auf und setzte sich nach drüben, wo übrigens mittlerweile alle unsere jungen Gäste saßen.

Es war dann eigentlich noch ein recht netter Abend: Hier saßen wir, die Gastgeber, so wie wir auch sitzen, wenn gerade kein Jugendturnier war. Und dort die Gäste, die sich gegenseitig mit ausgestrecktem Zeigefinger auf uns weisend offensichtlich ihre Gastgeber zeigten. Besonders lustig müssen die Geschichten von Heinz gewesen sein, denn als er berichtete, lachten sich seine Zuhörer halbtot. Irgendeine mütterliche Gastgeberin kam schließlich auf die Idee, ein paar Platten aufzulegen: „Die jungen Leute wollen doch sicherlich tanzen!" Als meine liebe Gattin von diesem Porsche-Sohntyp aufgefordert wurde, lächelte sie so lieblich, wie ich es seit meiner Werbung vor zwei Jahrzehnten nicht mehr erlebte – der Typ warf mir einen

triumphierend-verächtlichen Blick zu, der mich bewog, einen Doppelten zu bestellen.
Heinz verlor das Semifinale im Doppel im dritten Satz im Tie Break und hatte dann in zehn Minuten gepackt: Er mußte so schnell wie möglich in einen mir unbekannten Ort nach Nordrhein-Westfalen, wo er morgen eine Qualifikation bestreiten sollte. Meine Frau sagte beim Abschied: „Sicherlich kommst Du nächstes Jahr wieder!" Ich fügte ein wenig gerührt hinzu: „Ich freue mich schon drauf!"

Charakterwandlung
oder
Als ich ein Star war

Es ist außerordentlich schwierig, darüber zu schreiben, wie ein Tennisstar fühlt. Man kann ihn beobachten, mit ihm sprechen – aber wer weiß schon, was der Kerl denkt? Aus diesem Grunde wäre das folgende Kapitel niemals zustande gekommen, hätte ich nicht selbst einmal für wenige Tage das Vergnügen gespürt, die Nr. 1 zu sein.
Nein – natürlich war es mir nie vergönnt, einen jener Titel zu gewinnen, deren Träger in den großen Zeitungen stehen und bis an das Ende ihrer Tage von den Ausrüsterfirmen mit fetten Renten bedacht werden. Selbst die Clubmeisterschaft war mir kaum weniger weit entfernt als der Wimbledonsieg. Aber trotzdem: Einmal war ich ein Star – und seither vermag ich zumindest einige Gedankengänge dieser Menschen nachzuvollziehen.
Ich muß dazu ein wenig weiter ausholen: Ich habe eine besondere Zuneigung zu einer Nordsee-Insel, über deren geographische Lage ich mich hier nicht länger auslassen möchte. Diese Insel besteht aus einem winzigen Dort an der Wattseite, sehr vielen Dünen und schließlich einem mittelmäßigen Hotel an der See-Seite (Nordsee-Besucher wissen den Unterschied zwischen Watt- und See-Seite zu deuten). Dieses Hotel an der See-Seite, welches zu frequentieren ich mir jahrelang zur ferienfreudigen Aufgabe machte, besaß einen Tennisplatz.
Über diesen Platz und seine Besonderheiten muß ich ebenfalls einige Worte verlieren: Sein Boden bestand weder aus Sand noch Beton, sondern aus Fliesen, wie man sie zum Auslegen von Großküchen, Kirchen und Badezimmern zu benutzen pflegt. Diese Fliesen – rot und weiß in einem schachbrettartigen Muster ausgelegt – hatten im Laufe der Zeit ein gewisses Eigenleben entwickelt, welches dazu führte, daß manche von ihnen vorne hoch und hinten tief, links oder recht abgesenkt, manche gar völlig fehlten. Der einzig sichere Ball, den man hier schlagen konnte, wenn man sicher sein wollte, daß er nicht verspringt, war das Volley. Neben diesem ungewöhnlichen Untergrund wäre noch auf die besonderen Windverhältnisse hinzuweisen, die jedem Nordsee-Liebhaber geläufig

sind. Bis etwa zwanzig Zentimeter über dem zerfledderten Netz herrschte ein Hauch, den man gar als Windstille bezeichnen konnte; das lag daran, weil der Platz rundum von hohen Dünen umgeben war. Doch schon etwa eineinhalb Meter höher (dort, wo man den Ball beim Aufschlag hinwirft) gab es die seltsamsten Turbulenzen, die das filzige Ding auf das Sonderbarste verwehten. Ein himmelhoher Lob schließlich, der vom ebenso jodhaltigen wie harten, auflandigen Wind erfaßt wurde, konnte Luftreisen unternehmen, die jenen des Nils Holgerson kaum nachstanden.

Hier nun wurde ich zur Nummer Eins.

Der Ehrlichkeit halber sollte ich zugeben, daß niemand sonst so ausgiebig und über Jahre hinweg Gelegenheit hatte, Platz und Wind zu studieren. Ich schlug Lobs, die normalerweise die am Horizont zu beobachtende Schiffahrt gefährdet hätten, wenn sie nicht durch die sorgfältige Berechnung der Windverhältnisse wieder zurückgekehrt wären, um in das Feld des Gegners zu fallen – mein Meisterstück in dieser Beziehung gelang mir, als ich einen Lob in die Richtung meiner eigenen Grundlinie schlug und der Ball, erfaßt von einer wilden Böe, in weitem Bogen die andere Platzhälfte erreichte.

Diese Erläuterungen gebe ich lediglich der Fairness halber; ihr Auslassen hätte eher zur Erhöhung meines Ruhms beigetragen – wie jedermann gleich verstehen wird.

Es hatte sich nun so ergeben, daß irgend jemand vorschlug, ein Tennisturnier durchzuführen. Dazu meldeten sich außer mir fünfzehn weitere Männer, die der Strandwanderungen, der Sonnenuntergänge und der ornithologischen Unterrichtungen müde waren. Da es hier lediglich darum geht, die Gefühle einer Nummer Eins zu beschreiben, kann ich mir den Ablauf des Turniers ersparen – selbst die Aufzählung der Teilnehmer würde kaum zur Erhellung des Tatbestandes beitragen. Kurz: ich siegte unter dem Beifall mehrerer Gäste, meiner Gattin, einer adretten Empfangsdame sowie einiger Serviermädchen. Der Hotelbesitzer überreichte mir am Abend in der Hotelbar einen Pokal, der nur wenig größer als ein Fingerhut war – er (der Pokal) trug die Gravur „Dem Sieger“ in fein ziselierten Buchstaben.

Selbstverständlich ließ ich mich nicht lumpen und spendierte in gutmütiger Siegerlaune mehrere Runden, die mein Ansehen weiter erhöhten. Wie jene eben erwähnte Gattin später glaubhaft zu machen versuchte, habe sie mich aus den Fängen jener Empfangsdame gerettet, bevor ich mein Nachtlager aufsuchte.

Es fiel mir zunächst nicht auf, daß eines der Serviermädchen mir am nächsten Morgen zum Frühstück einen Tisch zuwies, den ich schon immer gern einmal gehabt hätte – hinten in der Ecke direkt am Fenster mit einem herrlichen Blick über Dünen und Meer. Ich wurde dieser Bevorzugung erst gewahr nach der vierten Tasse Kaffee und der Frage eines zweiten Serviermädchens, ob sie mir mehr Kaffee, mehr Brötchen, mehr Butter, mehr Wurst bringen solle. Außerdem stand ein Blumenstrauß auf dem Tisch.

Beim Verlassen des Frühstücksraums lief ich der Empfangsdame in die Hände, mit der ich bisher einen wochenlangen Kampf um den Tennisplatz geführt hatte, der immer ausgebucht war – sie strahlte mich an und meinte: „Wenn Sie Lust haben, können wir ein paar Bälle schlagen – der Platz ist frei und wird es auch den Vormittag über bleiben. Ich habe übrigens heute nachmittag frei …!" Ich schwankte kurz, ob eine zwanzigjährige Ehe einen freien Nachmittag wert sei – dann sah ich die Gattin warten und erwiderte, daß ich etwas Dringendes im Dorf zu erledigen habe.

Auf der Dorfstraße wurde ich viermal angesprochen. Neben drei Herren, denen ich versicherte, daß ich erst nach meinem dreißigsten Lebensjahr mit dem Spiel begonnen habe, und dadurch Hoffnung für ein weiteres, tenniserfülltes Leben schenkte, war auch eine junge Frau dabei, deren Mann nur am Wochenende Zeit zu Familienbesuchen fand. Sie meinte, es sei doch gerade Zeit für eine Tasse Kaffee, und außerdem sei sie ein toleranter Mensch – ob ich nicht Lust hätte, am frühen Abend mit ihr zu spielen. Mein erstaunter Blick löste bei ihr ein wippendes Lachen aus (wippend, weil beim Lachen bei ihr verschiedenes, wenn nicht alles wippte): „Ich meine natürlich Tennis – Sie sind mir vielleicht einer!"

Da Inseln über einen nur beschränkten Lebens- und Fluchtraum verfügen, vertröstete ich sie zunächst einmal – ich gesellte mich lieber zu den drei Herren, Gegnern von gestern, die sich zu einem Frühschoppen zusammengefunden hatten und mich fröhlich begrüßten. Jeder von ihnen gab eine Runde – ich gab zwei als Sieger. Dann wanderten wir ins Hotel, wo der Lunch serviert wurde. Es erübrigt sich unterdessen, die bevorzugte Behandlung und Bedienung während des Essens noch einmal zu erwähnen. Es kamen eine ganze Reihe Leute an den Tisch, um sich nach meinem Ergehen zu erkundigen. Sie ließen dabei immer wieder den Wunsch einfließen, doch auch einmal gegen richtig guten Spieler antreten zu dürfen – sie fragten, welche Plätze ich normalerweise bevorzuge, ob ich Holz- oder Metallschläger für besser halte, was ich von Großkopf-, Midsize- oder normalen Rahmen denke – ein älterer Herr wollte gar wissen, ob man auf diesem Boden hier besser Hallen-, Hartplatz- oder Universal-Schuhe trage.

Es war alles sehr schmeichelhaft, wobei ich zugeben möchte, mit der Zeit auch eine gewisse Charakterwandlung durchgemacht zu haben. Zu Beginn war ich überrascht. Aber wenige Stunden später empfand ich es bereits als

ausgesprochen beleidigend, als die Gattin sich nach dem Ergehen meines Geisteszustands erkundigte – dabei hatte ich nur halblaut vor mich hingemurmelt, daß ich mich an den Landesmeisterschaften beteiligen werde.
Ähnlich war es auch mit der Auswahl meiner Partner: Während ich zuvor froh war, wenn mich jemand fragte, ob ich vielleicht Lust hätte, ein bißchen mitzumachen, wägte ich nun genau ab. Jenen Herrn, der mich nach dem Lunch nach der Beschaffenheit der Schuhe fragte, habe ich freundlich, aber unmißverständlich abgewiesen, als er meinte: „Hören Sie – wir sind gerade drei und wollen ein Spielchen machen – ich weiß, für Sie ist das nichts Besonderes, nur ein Spaß – aber die anderen haben mich gebeten, Sie zu fragen, ob Sie vielleicht Lust hätten!?" Ich gab zu verstehen, daß ich mittags immer ein bißchen ruhen würde, außerdem hätte ich Post zu erledigen und einen Telefonanruf abzuwarten – es täte mir leid. Als die drei (plus der Empfangsdame, die sie wohl überredet hatten) mit ihrem Doppel fertig waren, habe ich einfach den Platz okkupiert und ein Einzel mit einem Sportstudenten bestritten, gegen den ich auf jedem anderen Platz der Welt kein Spiel gewonnen hätte; hier schlug ich ihn – vier und vier. Diese rüde Abruptheit minderbemittelteren Tennismenschen gegenüber brachte mir den Ruf einer gewisssen Arroganz ein, wie ich aus versteckten Andeutungen unschwer zu entnehmen vermochte – aber selbst dieses trug höchstens noch dazu bei, meinen Ruhm zu verstärken. So hörte ich beispielsweise die Empfangsdame, wie sie einem Bittsteller klarzumachen versuchte, daß sie erst mich fragen müsse, ob der Platz morgen früh um halbzehn wirklich frei sei; den Einwänden des Bittstellers, daß er doch genauso bezahle wie ich, hielt sie entgegen: „Wissen Sie – das ist selbstverständlich richtig – aber wir richten uns gern nach den Wünschen mancher prominenter Gäste – Sie werden doch verstehen, daß sie ein wenig Glanz in unser Haus bringen, von dem auch Sie profitieren!" Worauf der Bittsteller sich abwandte, demütig mit dem Kopf nickend. Da er mir leidtat, verwickelte ich ihn später in ein Gespräch über das Wesen des Topspins im modernen Tennis am Beispiel des Schweden Björn Borg, was er ausgesprochen dankbar aufnahm. Die Gattin erzählte nachher, wie sie zufällig vernommen habe, daß eben der Bittsteller seiner Frau klarmachte, welch netter Mensch doch dieser Tennisspieler sei, der das Turnier gewonnen habe.
Eines Tages schlug die Abschiedsstunde. Unter jenen Gästen, die mir am Schiff auf das Herzlichste ein Lebewohl riefen, fehlte niemand von denen, die meinen Triumpf miterlebten; sie erzählten auch den neuen Gästen, die erst nachher angereist waren, welch ein Star sie da verließe. Ich nahm die bewundernden Blicke mit Gleichmut zur Kenntnis und spürte den Pokal in

der Hosentasche. Zu Hause hatte ich immer noch keine Chance gegen den Clubmeister.
Im nächsten Jahr hatte der Hotelbesitzer die Empfangsdame und die Serviermädchen gewechselt – außerdem war niemand unter den anderen Gästen, der von mir wußte. Ich bekomme den Platz nur, wenn keiner sonst ihn will – und als Nummer Eins sehen sie einen an, der nun wirklich keine Ahnung hat. Immerhin weiß ich nun auch, wie einem Star zumute ist, der seine beste Zeit hinter sich hat.

Tennistramp
oder
Spieler von der dritten Art

Im Grunde genommen sind mir nur zwei Arten von Tennisspielern geläufig: Die einen sind bei uns im Club – die anderen kenne ich aus der Zeitung oder vom Fernsehen. Wobei ich gerne zugebe, daß ich von unserem Clubmeister weiter nichts weiß, als daß er ein gutgehendes Antiquitätengeschäft betreibt – während mir von Ilie Nastase alle Liebschaften, von Jim Connors die strenge Mutter und von Guillermo Vilas die poetische Ader bis in alle Einzelheiten bekannt wurden. Das gleiche gilt selbstverständlich auch für die Damen: Unsere Clubmeisterin ist die Frau des Antiquitätenhändlers – aber von Chris Evert kenne ich mittlerweile selbst das intime Vorleben, gar nicht zu reden von Billie Jean King.
Ich erinnere mich noch genau an den Tag und die Stunde, als ich einen Typ Tennisspieler kennenlernte, von dessen Existenz ich bis dahin nichts wußte. Ein Freund hatte aus dem Österreichischen angerufen und behauptet, eine Kiste Roten dazuhaben, wie ich ihn nie zuvor gekostet – ich solle mich doch in den Wagen setzen und übers Wochenende kommen, es seien doch nur zwei Stunden. Obgleich es mit der Geschichte nichts zu tun hat, sollte ich hinzufügen, daß der Freund dort in einem hinteren Tal eine versteckte Hütte besitzt, die mit einem herrlich stabilen Tisch ausgerüstet ist, an dem sich wunderbar Roter trinken läßt.
Der Typ stand an der Autobahneinfahrt – nein, er hielt den Daumen nicht in den Wind, sondern stand nur da und schaute. Normalerweise nehme ich nie jemanden mit, der an der Autobahn steht, weil ich mich vor allem fürchte, was man Leuten an der Autobahn nachsagt. Ich hielt dieses Mal an, weil ich nie zuvor einen von diesen Leuten mit Tennisschläger gesehen hatte – dieser hatte deren drei unter dem Arm. Er trug sie in der Art, wie sie auch McEnroe zu tragen pflegt – lediglich der grüne Parka, die Jeans und die ausgelatschten Turnschuhe hätten im Centre Court von Wimbledon ein wenig fremd gewirkt.
Ich fragte, wohin er wolle – er fragte zurück: "Where are you going?" Ich: "Austria!" Er: "Oh good!" Damit warf er seine Schläger auf den Rücksitz und auch eine mittelgroße Tasche. Er sagte: "My name is Smarty!" Ich

murmelte: "Nice to see you!" Smarty meinte, er käme aus einem Ort namens Teanack in New Jersey und ob ich jemals davon hört hätte. Ich war sorry, wollte aber gern erfahren, warum Tennisspieler per Anhalter reisen, wo sie doch normalerweise nur den Jet benutzen. Smarty sagte: „Oh shit – das ist doch viel zu teuer!" Er bemerkte wohl mein Erstaunen und hub an, mir seine Geschichte zu erzählen.
„Listen", sagte er, „das ist jetzt schon mein drittes Jahr hier. Im Frühjahr beginne ich oben in Holland oder in Germany, dann geht es hinüber nach Frankreich, Spanien, Italien, der Sommer ist nicht schlecht in Österreich, und wenn es hier kühler wird, mache ich Griechenland, Ägypten." Recht unvermittelt warf er dazwischen: „Ich war Nr. 17 auf der Juniorenrangliste in New Jersey!" Ich sagte: "Oh good!" Er nahm das als Lob und fuhr fort: „Sie haben überall kleine Turniere, manche um 5000 Dollar, manche um 5000 Mark, manche auch nur um 5000 französische Francs. Man muß sich um den Terminkalender kümmern, dann geht es. Zwei, drei Tage vorher sind sie immer froh, einen amerikanischen Juniorenmeister unter den Teilnehmern zu haben – sie schreiben dann auf die Plakate, daß es ein internationales Turnier sei. Sie sagen, man kann im Clubhaus essen, und wenn man dem Sohn vom Vorsitzenden eine Stunde Unterricht erteilt, gibt's noch ein paar Mark extra! Meistens schlafe ich im Clubhaus im Umkleideraum, hin und wieder zahlen sie einem auch das Hotel. Vorige Woche war ich im Finale bei einem Turnier an der spanischen Küste – ich bekam hundert Dollar. Für hundert Dollar können Sie in Spanien vier Wochen leben, wenn Sie sich ein bißchen einrichten – Sonne, Strand, vielleicht in einem Hotel ein paar Stunden geben, abends Wein trinken. Kein schlechtes Leben!"
Smarty klärte mich noch über die Notwendigkeit auf, immer frische Socken zu haben – er klagte über die roten Sandplätze in Europa, auf denen man Gegner findet, die zwei Stunden um einen einzigen Satz kämpfen – aber Neidgefühle solchen Tennisprotzen gegenüber wie Connors oder McEnroe hege er keine – nein, er wolle mit jenen nicht tauschen.
Da wir selbstverständlich in einen Stau gerieten (bei Fahrten nach Österreich gerät man immer in einen Stau), kam Smarty, der Tennis-Tramp, über die Fährnisse seines eigenen Lebens auf die Grundsätzlichkeiten seiner Branche zu sprechen: „Wissen Sie, was der größte Quatsch ist? Wenn die Zeitungen immer schreiben, daß die Spieler im Finale von Paris oder Rom oder Hamburg unter einem so gewaltigen Druck stehen, weil es um Hunderttausend geht! Da kann ich doch nur lachen! Was glauben Sie, welchen Druck ich habe, wenn es im dritten Satz bei vierbeide 0:40 gegen meinen Aufschlag steht? Wenn ich verliere, bin ich draußen; wenn ich gewinne, kriege ich vielleicht einen Hunderter, You know what I mean?!"

Ja – ich konnte verstehen, was er meinte. Smarty bemühte sich, nicht falsch verstanden zu werden: „Aber ich will mit keinem von denen tauschen – was wissen die denn schon von der Welt? Was wissen sie davon, wenn man morgens um neun an der Autobahn in Köln steht und nachmittags um vier in Hamburg zur Qualifikation antreten muß! Nichts wissen sie! Oder glauben Sie etwa, im Palace-Hotel haben sie solch guten Wein wie am Strand an der Costa del Sol? Die haben doch noch nie etwas vom Turnier in Ajaccio gehört, ganz zu schweigen von Korsika – meinen Sie, die wissen, wie die Macchia riecht?"
Smarty hatte sich wirklich ein wenig in Rage geredet – er erzählte auch noch von Kollegen, die er immer wieder treffe. Es seien auch ein paar Europäer dabei, aber die könne man nicht ernst nehmen: „Wenn es ihnen wirklich beschissen geht, können sie zu Hause anrufen und haben einige Stunden später das Geld da. Oder sie sind schnell zu Hause." Tramps mit festem Wohnsitz nannte er sie – eine Formulierung, die zu merken ich mir vornahm. Nein – die wirklich echten seines Metiers erkannte er lediglich in den Amerikanern und Australiern, die fernab von der Möglichkeit familiärer Hilfe ihren Lebensunterhalt mit Hilfe eines Tennisschlägers bestreiten.
Kurz vor der Grenze stieg Smarty aus, nicht ohne sich zuvor erkundigt zu haben, ob vielleicht bei mir daheim ein kleines Turnier stattfindet, wo es ein paar Dollars zu gewinnen gibt. Er schnappt seine drei Schläger und die mittelgroße Tasche und sagte: "See you somewhere!" Ich fuhr weiter zu dem Freund in das hintere Tal mit der Hütte, dem Tisch und dem Roten.
Seither weiß ich also, daß es Tennis-Tramps gibt, deren Existenz mir bisher fremd war. Manchmal suche ich in der Zeitung unter den Ergebnissen von kleinen Turnieren oder Qualifikationen etwas größerer Turniere den Namen Smarty – aber ich habe ihn nie gefunden. Wahrscheinlich hieß Smarty auch ganz anders.

Nichtspieler oder Haß und Liebe sind gleichstarke Emotionen

Wie jedermann weiß, gibt es ungefähr fünftausend Möglichkeiten, die Menschheit in verschiedene Arten zu teilen. Rassen und Religionen nehmen unter diesen Möglichkeiten nur einen verschwindend geringen Prozentsatz ein, so daß man sich wundert, wie überdimensional doch die Auseinandersetzungen waren und sind, die man aus diesen Gründen erfand. Ähnlich liegt die Sache auch in der Politik: Wenn man von gewisssen Splitterungen absieht, die beispielsweise zu sehr seltsamen Handlungen im fernen Antarktisgebiet führten, hat sich die Welt hier auf ein Zweiparteiensystem geeinigt; wenn man eine freundliche Naivität zugrunde legt, ließe sich das bereits als Fortschritt bezeichnen.
Den weitaus größten Teil der angesprochenen Möglichkeiten nehmen aber solch fundamentale Unterschiede ein, wie sie etwa zwischen Katzenliebhabern und -hassern bestehen, zwischen Kannibalen und Vegetariern oder zwischen solchen, die Tennis spielen, und anderen, die es nicht tun.
Da dieser Band sich mit Tennis-Typen befaßt, liegt der Gedanke nahe, auch jenen ein Kapitel zu dezidieren, die hier abseits stehen. Leuten also, die in diesem Zusammenhang als Antitypen zu bezeichnen wären. Grund dafür, nicht Tennis zu spielen, gibt es allemal: Nehmen wir einmal die rein geographischen Erklärungen, so stellt sich heraus, daß Grönland oder Feuerland rein tennismäßig als unterentwickelt zu gelten haben; es ist nicht bekannt, daß ein Mensch aus jenen Gegenden es jemals in diesem Spiel zu höheren Ehren brachte.
Anti-Typen im Tennis sind offensichtlich auch landschaftlichen Einflüssen unterworfen. In Amerika galt es jahrzehntelang als feste Regel, daß aus Tennessey keine Tennisspieler kommen; dieser USA-Staat nimmt da eine Rolle ein, wie es vergleichsweise Schleswig-Holstein in Deutschland tut – auch aus diesem so reizvollen Landstrich wurden bisher keine Tennisathleten der Weltklasse gemeldet.
Aber alle diese Dinge sind nicht unbedingt als relevant zu bezeichnen, wenn

man den typischen Antityp sucht. Ein Antityp kann man ja wohl nur werden, wenn man vom Vorhandensein einer Sache weiß und sie ablehnt. Warum das so ist, gilt es zu klären.
Der tennistechnische typische Antityp steht der weltweiten Bewegung der Tennistypen wahrscheinlich zunächst einmal ablehnend gegenüber, weil er es noch nie getan hat. Diese These ist allerdings leicht zu stürzen, wenn man anführt, daß es Enthusiasten der Violinmusik gibt, die noch niemals Fiedel und Bogen in der Hand hatten. Ergo: Antitypen könnten auch jene sein, die es einmal probierten und frustriert feststellten, daß diese so beschwingt ausschauende Leibesertüchtigung sehr viel Übung voraussetzt.
Ein sicherlich einleuchtender Grund, Tennis abzulehnen, liegt in den vor mehr als hundert Jahren festgeschriebenen Regeln. Im Gegensatz nämlich zu fast allen anderen Sportarten ist beispielsweise das Ende eines Tennismatches theoretisch nicht vorgesehen. Radrennen führen irgendwann an ein Ziel – Fußballspiele sind terminiert – Boxkämpfe ebenfalls, wobei man hier noch als zusätzliche Realität den Knockout kalkulieren kann – aber beim Tennis benötigt man mindestens zwei Punkte Vorsprung, und wenn man nur einen erringt, kann so eine Sache ewig dauern. Selbstverständlich ist der Autor sich dessen bewußt, daß hier der Theorie das Wort geredet wird – aber schließlich muß man sich ja erst einmal ein kleines Wissen zulegen, welches auf Theorie basiert. Man muß ja auch wissen, wo denn der kleine Ball überhaupt hinzuschlagen ist, bevor man es versucht.
Neben den Regeln dürfte lange die Kleidung eine Rolle gespielt haben, die sich allein auf das klinische Weiß beschränkte. Vor allem Menschen, die einen unübersehbaren Hang zur Fettleibigkeit nicht ganz verleugnen können, tragen ungerne Weiß, weil es körperliche Formen unterstreicht. Wie allgemein bekannt, hat sich die Toleranzgrenze im Laufe der siebziger Jahre dieses Jahrhunderts da ein wenig verschoben – auch dunklere Farben bis hin zum schlankmachenden Schwarz werden in vielen Clubs zumindest gelitten. Vielleicht liegt hier sogar einer der Gründe dafür, daß sich auch Antitypen entschlossen, zum Protypen zu werden. Obgleich es mit diesem Thema nur wenig zu tun hat, sollte man eine logische Schlußfolgerung hier unbedingt einfügen: Es würde mehr Tennisfreiraum auf den Plätzen geben, wenn man wieder zum schlichten Weiß zurückkehrt.
Eine objektive Betrachtung von Anti- oder Pro-Typen ist kaum möglich, da sich ja praktisch jedermann einem der beiden Lager zugehörig zu fühlen hat. Deshalb fällt es schwer, manchen Aussagen von Anti-Typen eine geordnete Argumentation zuzubilligen. Wenn einer sagt, „das Spiel ist mir einfach zu doof“, so kann man zwar widersprechen, aber höchstens mit dem gleichen intellektuellen Anspruch: „Du hast doch ’nen Vogel.“ An

diesem simplen Exempel ist sehr leicht zu erkennen, auf welchem Niveau sich die Typen begegnen; von einer sorgfältigen Beweisführung kann da kaum die Rede sein.
Es ist hier mit Absicht darauf verzichtet worden, verkehrstechnische und finanzielle Gründe anzuführen, die zu einem Antitum dem Tennis gegenüber führen. Wenn einer sagt, daß die Tennisplätze zu weit von seinem Wohnsitz entfernt liegen, um diesem Sport nachzugehen, hat er diese Möglichkeit ja schon einmal ins Auge gefaßt und sie aus Bequemlichkeit abgelehnt. Bequemlichkeit ist ein immer verständliches Argument. Aber man könnte einen solchen Menschen nicht unbedingt zu den Antitypen zählen, weil er ja gerne ein Protyp wäre, wenn's nur bequemer wäre. Ähnlich gelagert liegen die Fakten bei einem, dem das zu teuer ist: Er hat sich ja immerhin bereits damit beschäftigt und würde ganz gerne, wenn ... – ist so einer ein Antityp?
Aus dieser Überlegung ist folgender, geradezu sensationeller Schluß zu ziehen: Selbst Antitypen sind rein tennismäßig nicht unbedingt zu den Feinden zu zählen, weil Haß und Liebe in etwa als gleichstarke Emotionen mit lediglich verschiedener Polung zu bezeichnen sind. Als eigentliche Gegner wären also ausschließlich die Gleichgültigen zu betrachten, denen diese dämliche Äppelei ganz einfach ‚wurscht' ist.
Wenn dieses schon als Philosophie zu betrachten ist, so hat das nichts mehr mit Tennis zu tun, sondern mit allgemeiner Aufklärung. Lassen wir's deshalb gut sein.

Erklärungen
oder
Der kurzfaserige Filz und seine Flugeigenschaften

Eines muß man ganz klar sehen: Fünfzig Prozent aller Tennisspieler, die täglich in der Welt einen Platz betreten, verlassen ihn als Verlierer. Deshalb erscheint es außerordentlich wichtig, für diese vielen Niederlagen Erklärungen zu finden, die – ob logisch oder nicht – zumindest einleuchtend klingen. Erklärungen für Siege sind weitaus leichter, weil sie ganz einfach in der besseren Taktik und Technik zu suchen sind, die jeder Sieger beherrscht – wenigstens bis zu seiner nächsten Niederlage. Aber Verlierer können schlecht Taktik und Technik verantwortlich machen für ihr Mißgeschick – außerdem tut man das nicht.

Ein Mann, dessen Fähigkeit, plausible Erklärungen für seine Niederlagen zu finden, ich immer wieder sehr bewunderte, war Harry Bogler: Ein Herr von schlanker hoher Statur mit leiser, aber selbstbewußter Stimme in den Anfangsvierzigern. Siegertypen behaupteten zwar, seine Figur wäre nicht schlank, sondern mager, und seine Erklärungen seien weiter nichts als Ausreden – ich habe mich davon nie beeinflussen lassen und schenkte meine uneingeschränkte Bewunderung Harry Bogler.

Ich denke dabei weniger an jene Erklärungen, die jedermann zu Beginn der Saison vorbringt: Daß er in diesem Jahr noch keinen Schläger angerührt habe oder überhaupt viel zu wenig Zeit habe. Oder derartiges. Nein – Harry Bogler vermochte sehr überraschende Variationen für alle Anwesenden vorzubringen. Etwa so: „Die Bälle, die wir spielen, verfügen über einen sehr kurzfaserigen Filz, so daß die Flugeigenschaften sich völlig verändern!“ Wenn dann jemand erstaunt fragt, wie er das meine, wird Harry Bogler zu längeren Erklärungen ausholen: „Schauen Sie, bei längeren Fasern des Filzes ist es so, daß diese Fasern sich durch die Gesetze der Zentrifugalkraft bei starkem Topspin sozusagen sträuben – man könnte behaupten, daß dem Ball die Haare zu Berge stehen – hahaha – und diese zu Berge stehenden Haarfasern des Balls bewirken eine recht erhebliche Bremsung, die ich eigentlich gewohnt bin bei meinem Spiel. Da diese

Bremsung nun bei kürzeren Fasern ausbleibt, schlage ich viele Bälle zu lang über die Grundlinie hinaus. Aber natürlich möchte ich mich nicht beschweren – Sie spielen wirklich gut. Wahrscheinlich sind Sie die Bälle mit kürzerer Faser gewohnt!" Manchmal setzte Harry Bogler dann noch im Fortgehen hinzu: „Die sind ja auch billiger!" Eine Bemerkung, die kaum einmal ihre Wirkung verfehlt.
Die Beweisführung von Harry Bogler ist immer bestechend. Jeder andere, der einen neuen Schläger mitbringt, läßt dieses Gerät bewundern und weist dann plump darauf hin, daß er sich erst daran gewöhnen müsse. Bei Harry Bogler ist das anders: Er sagt nicht, daß der Schläger neu sei, sondern hält ihn sinnend balancierend in der Hand – er schüttelt ein wenig den Kopf, schließt die Augen und vollführt einige Schlagbewegungen nach einem imaginären Ball. Alsdann murmelt er vor sich hin, worauf der Gegner irritiert fragt, was es denn gebe. Harry Bogler sagt mit einem weiteren Kopfschütteln: „Ich weiß nicht, was die neuerdings für Schläger bauen – diese Keule ist keineswegs im Gleichgewicht – sie ist am Kopf mindestens fünf Gramm schwerer, wenn nicht sechs – eine richtige Pfuscharbeit ist das – da reden sie immer von Montagsautos, aber daß da viel mehr Menschen unter Montagsschlägern leiden, ist noch niemand in den Sinn gekommen. Da, fassen Sie selbst einmal an – das spürt doch ein Hufschmied, daß da die Balance nicht stimmt – eine Schweinerei ist das!"
Der andere, der natürlich nicht als Hufschmied gelten möchte (eine Berufsgattung, der man ein solch sensibles Gewichtsgefühl nicht zutraut), nimmt den Schläger in die Hand, sinnt balancierend, merkt überhaupt nichts und lügt: „In der Tat – das habe ich noch nie erlebt, darf ich Ihnen einen von meinen Schlägern leihen – mit dem können Sie doch unmöglich spielen!" Harry Bogler wird das in jedem Falle ablehnen, aber wenn er dann verloren hat, wird der Sieger selbst erklären: „Er hatte einen Schläger, der überhaupt nicht ausbalanciert war – eine Sauerei ist das, wenn man bedenkt, was so ein Ding heutzutage kostet!" Harry Bogler steht daneben und zuckt mit den Achseln: „Macht ja nichts, Sie haben ja gut gespielt – und für mich war es nur ein Test dieses Schlägers." Selbstverständlich kauft niemand in dem Club mehr einen Schläger dieser Marke. Harry Bogler könnte auf diese Weise blühende Schlägerindustrien vernichten.
Es erscheint hier überflüssig, darauf hinzuweisen, daß Harry Bogler nur in den seltensten Fällen auf die allgemein üblichen Erklärungen von Niederlagen zurückgreift, obgleich er sie selbstredend perfekt beherrscht. Aber während gewöhnliche Ausredensucher humpelnd über den Platz wanken, Mitleid heischend und Erbarmen flehend, wird Harry Bogler nie derart plump auftreten. Seine Verletzungen sind sehr viel diffiziler und – wie er

sagt – kaum der Rede wert. Der weit verbreitete Tennisarm ist noch nie als Entschuldigung über Harry Boglers Lippen gekommen – dagegen kann es passieren, daß ihm plötzlich ein Malariaanfall unterläuft mit schrecklichem Schüttelfrost und Schweißausbrüchen, Harry Bogler lächelt nur tapfer: „Lassen Sie's gut sein – ist ja halb so schlimm – nur eine Folge jener verdammten Safari vor zwei Jahren – hätte es auch besser bleiben gelassen – passiert immer wieder, wenn das Wetter umschlägt!" Und obgleich noch nie einer davon gehört hat, daß Harry Bogler jemals in den Tropen war, wird die Erklärung bedauernd zur Kenntnis genommen: „Schade – so ein netter Kerl und so eine blöde Krankheit – muß Chinin schlucken, schwächt natürlich – naja!"

Wind oder Sonne, Wolken oder Wespen, Blasen oder Bienen gehören kaum zu Harry Boglers Repertoire. Dagegen kann es geschehen, daß er sich plötzlich überall kratzt, weil er es vor lauter Jucken nicht mehr aushält: „Das neue Hemd – nie hätte ich gedacht, daß sie Hemden aus dieser Faser herstellen, die ich nun einmal nicht ertragen kann – grauenvoll sage ich Ihnen! Eigentlich trage ich ja nur Angora auf der blanken Haut, aber jetzt haben sie mir extra dieses Hemd geschickt – angeblich eine Entwicklung, die die Eigenschaften von Angora weitaus übertrifft – aber das halten ja nur Menschen aus, die keine Haut, sondern ein Fell aus Leder besitzen – schrecklich so was – werde den Leuten gleich morgen schreiben, daß sie mich in Zukunft mit ihren Experimenten in Ruhe lassen sollen – entschuldigen Sie bitte, ich muß unter die Dusche!" Wenn Harry Bogler dann eiligst davonhastet, wird der Gegner versuchen, das Markenzeichen seines Hemdes zu verbergen, weil es das gleiche ist, welches auch auf Harry Boglers Hemd zu sehen ist – und weil keiner gern als einer gilt, der eine Haut aus Leder besitzt.

Ich habe in der Tat erlebt, wie Harry Bogler ein Paar funkelnagelneuer Schuhe auspackte und wie diese nach vier Spielen auf einmal seitlich aufplatzten – wer hätte da noch Zweifel haben können? Ich habe mit eigenen Augen gesehen, wie sein Auge nach dem Stich einer Bremse fast völlig zuschwoll. Ich habe seine Allergie gegen den schwebenden Samen von Weidenbäumen erlebt – ich erlebte, wie ihm offensichtlich ein schlecht gewordenes Bier grauenvolles Unwohlsein verursachte – ich war sogar dabei, als er eines Tages behauptete, er habe den Friseur gewechselt, und dieser neue Figaro hätte ihm einen solchen Schnitt verpaßt, daß er beim Aufschlag den Ball nicht richtig sehe. Ich war – wie bereits erwähnt – immer wieder fasziniert vom Einfallsreichtum der Erklärungen unseres Freundes Harry Bogler.

Sein Meisterstück aber lieferte er wohl ab, als er eines Tages während eines Tie Breaks im dritten Satz vorbrachte, er vertrage die Farbe rot nicht mehr:

Alles, was rot sei, würde ihm Schwindelgefühle verursachen – er sehe manche Dinge doppelt, andere wiederum nur zur Hälfte. Er könne das Rot in der Fahne seines Vaterlandes genausowenig ertragen wie das Rot des aus Blutorangen gepreßten Saftes zum Frühstück – gar nicht zu reden von roten Autos, roten Aschenbechern und roten Spruchbändern zum 1. Mai. Und was das Schlimmste sei: Das Rot des Tennisplatzes bedeute ihm ein starkes Handicap – selbstverständlich würde er das Match fortsetzen, weil es ja sowieso gleich zu Ende sei, aber man möge bitte Verständnis dafür haben, wenn er den Ball nicht richtig treffe.
Wir standen um Harry Bogler eine Weile ziemlich ratlos herum und litten direkt mit ihm. Er selbst war es dann, der uns ermunterte: „Nun will ich Euch den Tag nicht verderben – kloppen wir noch die wenigen Bälle, dann ist's sowieso aus – was soll's – es ist ja schließlich mein Problem, und ich werde schon irgendwie damit fertig werden!" Er atmete tief durch und schritt wieder auf den Platz – den Blick nach oben gerichtet, wo zufällig keine roten Wolken waren. Er hieb uns dann zwei Returns zurück, die wir erst sahen, als sie hinten gegen den Zaun prallten, und da mir auch noch ein Punkt gelang, hatten wir den Tie Break und das Match gewonnen. Harry Bogler klopfte den Gegnern dann ein wenig melancholisch auf die Schultern und wies darauf hin, daß er eigentlich nur Glück gehabt habe – die anderen seien doch die besseren Spieler – und sie sollten froh sein, gesund durchs Leben schreiten zu können.
Als einer der beiden Verlierer traditionsgemäß damit begann, seine Niederlage mit einem neuen, ihm ungewohnten Schläger zu erklären, hörte Harry Bogler als Sieger nur sehr oberflächlich zu. Im Fortgehen meinte er zu mir, daß es geradezu widerlich sei, wenn manche Spieler nach Niederlagen immer wieder zu billigen Ausreden greifen: „Sie begreifen einfach nicht, daß sie dadurch ihren erfolgreicheren Gegner im Grunde genommen herabwürdigen. Man sollte gegen solche am besten gar nicht mehr spielen!"

Club-Image
oder
Über das Verwerfliche verbaler Entgleisungen

Man soll sich da wirklich nichts vormachen: Die gewaltige Ausdehnung dieses Spiels hat auch Leute damit in Verbindung gebracht, die man vor fünfzig Jahre kaum auf einem Tennisplatz geduldet hätte. Nicht etwa, daß Herr Wurmser einer von jenen ist, der nicht mit Messer und Gabel zu essen versteht – nicht etwa, daß er der Frau unseres Präsidenten unsittliche Anträge bei Clubfesten macht – nicht etwa, daß er sein Wasser am Schiedsrichterstuhl abzuschlagen pflegt. Nichts von all dem.

Herrn Wurmsers Anwesenheit bei uns ist als Beispiel für die Weltoffenheit zu betrachten, die schon immer unseren Club ausgezeichnet hat. Ja – selbst schon vor fünfzig Jahren, als unser Club nichts dagegen hatte, Leute aufzunehmen, deren Einkommen nicht unbedingt als regelmäßig zu bezeichnen war: Schauspieler, Maler, Musiker, Schriftsteller.

Es ist nun einmal so, daß ein Charakterzug wie der Snobismus (den wir wegen seines negativen Images selbstverständlich ablehnen) leichter zu erhalten ist, wenn im Club gerade hundert Mitglieder sind und der Verband vielleicht ein paar Zigtausend besitzt. Inzwischen hat unser Club mehr als tausend Mitglieder, und der Verband nähert sich der zweiten Million. Dieser begrüßenswerte Liberalisierungsprozeß hat natürlich auch zur Folge, daß da manchmal Menschen dabei sind, die – also, früher hätte man gesagt: Die passen nicht zu uns, und man hätte ihren Aufnahmeantrag negativ beurteilt. Heute ist das anders. Wir brauchen die vielen Mitglieder und ihre Beiträge zur Erhaltung unseres geregelten Clublebens – Platzmeister und Clubhausbetreiber drohen mit gewerkschaftlichen Maßnahmen, wenn sie nicht wenigstens nach dem Tarif bezahlt werden. Und obgleich eine Platzmeistergewerkschaft bislang unbekannt ist, möchte man da ja kein Aufsehen erregen. Sieht einfach nicht gut aus in der Öffentlichkeit.

Wie auch immer: Auf diese Weise ist auch Herr Wurmser bei uns Mitglied geworden. Im Grunde genommen ist Herr Wurmser noch nicht einmal ein schlechter Kerl. Er vermag sich – wie gesagt – zu benehmen, und selbst

bei Sommerfesten, wenn alles ein bißchen drunter und drüber geht zu mitternächtlicher Stunde, wird er nie ausfallender als andere auch. Aber während des Spiels hört man von Herrn Wurmser manchmal Töne, vor denen man früher die Kinder weggeschickt hätte. Heute ist das anders: Die Gören drängen sich geradezu dort, wo Herr Wurmser gerade spielt, und nehmen dessen Äußerungen gierig auf, um sie dann selbst bei passender Gelegenheit anzubringen.
Als Pastor Neumann beispielsweise einmal gegen Herrn Wurmser spielte und dieser den dritten Doppelfehler fabrizierte, rief er: „Himmelherrgott-donnerwetternocheinmal verfluchtundzugenäht, wenn dieser Scheißwind nicht bald aufhört, habe ich die Schnauze gestrichen voll von dieser Spielerei!" Man muß dabei wirklich überlegen, ob man in Gegenwart eines Geistlichen von einem ‚Scheißwind' sprechen darf. Schließlich handelt es sich dabei um eine Regung des Himmels, der man mit Gleichmut zu begegnen hat. Vor allem, wenn man gegen einen Pfarrer spielt.
Herr Wurmser hat sich zwar noch nie zu Tätlichkeiten hinreißen lassen, aber deren Androhungen schon sehr oft vorgebracht und Gegner damit in Angst und Schrecken versetzt. Es ist nicht ungewöhnlich, Herrn Wurmser während eines Matches rufen zu hören: „Sie lausiger kleiner Hosenscheißer – wenn Sie noch einen von diesen idiotischen Lobs auf meine Rückhand spielen, werde ich Ihnen mittels dieses Schlägers den Schädel spalten. Spielen Sie doch gegen Ihresgleichen, wenn Sie es nur auf diese Art können – was Sie da machen, ist kein Tennis, sondern Volleyball!" Um die Art der Drohung richtig zu verstehen, sollte man noch hinzufügen, daß Herr Wurmser seit Jahren nur noch mit Metallschlägern spielt, was die Hirnspaltung wahrscheinlicher werden läßt.
Ähnlich reagiert er natürlich auch gegen Doppelpartner, die ihm den Ball vor der Nase räubern oder gewisse Schwächen mit dem Aufschlag nur schwer zu verbergen vermögen: „Wenn Sie mir noch einmal in den Weg springen, werde ich einfach zuschlagen – dann können Sie Ihre Männlichkeit sonstwo suchen, aber mit Sicherheit nicht dort, wo Sie sie normalerweise vermuten!" oder: „Wenn Sie verdammt noch mal nicht einmal Ihren zweiten Aufschlag dorthin bringen, wo er hingehört, dann frage ich mich, was Sie eigentlich hier wollen. Gegen diese Clowns dort drüben verliere ich normalerweise nicht einen einzigen Punkt – die mit ihren rachitischen Schlägen brauchen nicht noch die karikative Unterstützung von uns – zumindest nicht von mir. Ich habe es doch nicht nötig, mit solch unterentwickelten und untalentierten Anfängern mir das ganze Leben versauern zu lassen. Nun schlagen Sie schon auf, Sie dreimal ungesegnetes Wesen, das Sie sind!"
Jedermann, der noch die gute alte Zeit vor Augen hat, in der Gottfried von

Cramm selbst dann zugab, den Ball berührt zu haben, wenn es unter zwanzigtausend Zuschauern niemand bemerkt hatte, muß zugeben, daß diese verbalen Entgleisungen des Herrn Wurmser eigentlich nicht zu uns passen. Selbst wenn man Herrn Wurmsers Argumente nicht völlig von der Hand weisen kann, wenn er bei Fernsehübertragungen aus Paris, New York, Hamburg oder London darauf hinweist, daß manche Spieler internationaler Spitzenklasse ihn bei weitem übertreffen. Aus diesem Grunde wollen wir bei uns eben auch niemand von diesen Spielern sehen; als Tennislehrer arbeitet bei uns seit mehreren Jahrzehnten Herr Ehremann zur vollsten Zufriedenheit – er hält die verrückten, krummen Schläge, die es bei diesen Fernsehübertragungen zu sehen gibt, sowieso für Entartungen eines Spiels, mit dem er nichts zu tun haben will, und lehrt weiterhin den schönen geraden Schlag in stilreiner Position. Wir haben in der Klasse, in der wir unsere Punktspiele bestreiten, zwar schon lange nicht mehr gewonnen, aber absteigen können wir auch nicht, da unter dieser Klasse keine andere ist. Und trotz dieser Niederlagen kommt niemand umhin, die gediegene Atmosphäre unseres Clubs zu loben.

Wenn da nur nicht Herr Wurmser wäre. Als wir kürzlich unser Mixed-Turnier austrugen, welches zu den gesellschaftlichen Ereignissen des Clubs zu zählen ist, befand er sich wirklich nicht in überragender Form. Aber jeder hätte darüber hinweggesehen, wenn Herr Wurmser sich nicht in erheblicher Lautstärke immer wieder selbst beschimpft hätte. „Ich bin doch der größte Arsch des Jahrhunderts, wenn ich gegen diesen Nasenpopel von Aufschlag nicht ein Return zustande bringe, daß denen da drüben Hören und Sehen vergeht – Mensch Wurmser, nun haue doch schon mal drauf, du Blödmann – ich spiele heute wie die letzte Hose, und zwar wie eine, die voll ist – Scheiße!“ Man muß zur Ehrenrettung seiner Partnerin und der Gegner zugeben, daß diese sich hervorragend verhielten und die Äußerungen von Herrn Wurmser weitgehend ignorierten. Aber den zahlreichen Jugendlichen, die sich um den Platz scharten und gierig an den Lippen von Herrn Wurmser hingen, war das sicherlich kein gutes Beispiel.

Auch als Herr Wurmser schließlich damit begann, die Damen auf das Unflätigste zu beleidigen, gab es niemanden, der ihn auf das Unmögliche seines Tuns aufmerksam gemacht hätte. Es sträubt sich einem die Feder, um das wiederzugeben: „Mensch – nun beweg schon Deinen dicken Hintern hinter dem Ball her, Mariechen – und paß bloß auf, daß Dir bei der Rückhand nicht mal einer von den Bällen aus dem Ausschnitt springt – und Gottseidank, daß die Einführung der stabilen Kunstfaser ein Zerspringen des Büstenhalters verhindert, sonst wäre das bei Dir doch schon längst passiert – Sie spielen wie Maria Stuart, schön aber unglücklich – während ich aufschlage, gehen Sie am besten in den Umkleideraum und legen ein bißchen Rouge auf, damit Sie wenigstens den Gegner erschrecken, wenn Sie schon keinen gescheiten Schlag zustande bringen!" Und so weiter. Es war wirklich schwer, Herrn Wurmser weiter als ordentliches Mitglied der Gesellschaft unseres Clubs zu achten.

Es ist durchaus nicht so, daß sich nicht einer getraut hätte, Herrn Wurmser in einer stillen Stunde auf das Verwerfliche seines Tuns aufmerksam zu machen. Selbst bei einer Vorstandssitzung haben wir das Problem Wurmser schon diskutiert. Aber das Schlimme an Herrn Wurmser ist, daß er direkt nach dem Match wieder ein friedlicher und einigermaßen gut erzogener Mensch ist, der sich sehr wohl zu benehmen vermag, wie wir es bei uns gerne sehen. Zur Rede gestellt, schien Herr Wurmser sogar überrascht: „Aber meine Herren – ich kann mich gar nicht erinnern – und es war doch sicherlich nicht so gemeint – es tut mir entsetzlich leid – und selbstveständlich werde ich mich in aller Form entschuldigen!" Herr Wurmser brachte es sogar fertig, allen Damen, gegen die und mit denen er das Mixed-Turnier bestritt, ein Blumensträußchen zukommen zu lassen – nicht etwa protzig, sondern genau richtig, wie es der Damen Herz als kleine Aufmerksamkeit erfreut. Das hat mit der Zeit dazu geführt, daß die Damen Herrn Wurmser sogar ein wenig ins Herz geschlossen haben: „Finden Sie nicht auch, daß er irgendwie originell ist – er ist eben ein individueller Typ – und wo findet man das heute noch? Wenn ich da an meinen Mann denke ...!" Und dann folgt ein Dutzend abgrundtiefer Seufzer, weil die Damen alle an ihren eigenen denken.

Ja, so ist das nun mal. Wir müssen alle mit Herrn Wurmser leben. Es ist der Preis, den wir dafür bezahlen, daß dieses schöne Spiel nicht nur den Snobs geöffnet ist, sondern inzwischen zu einer volksweiten Bewegung wurde. Obgleich wir selbstverständlich nie Snobs waren, weil schon allein das Wort über ein so negatives Image verfügt.

Aussteiger
oder
Herr Borkmann hat es wirklich übertrieben

Zugegeben: Herr Borkmann übertrieb es schon immer ein bißchen. Wenn das Wetter es nur irgendwie zuließ, rannte er im Sommer schon morgens um sechs auf den Platz und fand auch immer irgend jemanden, der ebenfalls bereits um diese Zeit ein Spielchen wollte. Das bedeutete, daß Herr Borkmann ziemlich oft zu spät in sein Büro kam, wo er einen Ruf als hervorragender Fachmann für Computer besaß. Mittags dehnte er die Pause natürlich ebenfalls ein wenig aus, weil er das Spiel trotz zwölfmal Einstand zu Ende bringen wollte. Von abends gar nicht zu reden – da verließ er den Platz erst, wenn es stockfinster war. Und am Wochenende war Herr Borkmann eigentlich nur zum Schlafen zu Hause, was seine Gattin zunächst mit gutmütigem Verständnis („Sport ist doch gesund – und wenn es Dir gut tut ... !"), dann mit Verwunderung („Ich möchte mal wissen, was Du daran findest?") und schließlich mit böser Verbitterung („Deine Familie existiert für Dich wohl überhaupt nicht mehr ... !?") zur Kenntnis nahm.
Herr Borkmann ließ sich dadurch nicht beirren – es läßt sich anzweifeln, ob er die Ermahnungen seines Chefs, doch ein wenig pünktlicher zu sein, oder die Bemerkungen seiner lieben Frau überhaupt zur Kenntnis nahm. Das Leben von Herrn Borkmann bestand nicht nur aus Tennis – es war Tennis.
Wenn seine Frau ihn ermahnte, doch den Rasen zu mähen, brachte er das Gespräch auf das kurzgeschnittene Gras in einem Londoner Vorort namens Wimbledon – wenn sein Chef ihm die Aufgabe stellte, wichtige Aufstellungen in einen Computer zu speichern, berichtete Herr Borkmann von außerordentlich interessanten Ranglisten, die man ebenfalls mittels eines solchen Geräts unter den Tennisspielern errechnete. Herr Borkmann war ungefähr dreißig Jahre alt.
Es läßt sich nicht unbedingt behaupten, daß Herr Borkmann ein sehr guter Spieler war. Selbstverständlich gelangen ihm auch Siege, aber die Zahl der

Niederlagen überwog. Als er eines Vormittags erst gegen halbzehn in seinem Büro erschien, ließ der Chef ihn kommen. „Borkmann", sagte er, „es ist halbzehn – die Arbeitszeit beginnt um acht – darf ich fragen, warum Sie wieder so spät dran sind?"
Borkmann sagte: „Natürlich dürfen Sie – wir spielten drei Sätze – alle erst im Tie Break – ich habe mich dann aber sehr beeilt!"
Der Chef: „Schauen Sie, Herr Borkmann, wir sind ein soziales Unternehmen – Sie sind ein guter Mann, Sie haben Zukunft bei uns, Lebensversicherung, Urlaub, dreizehntes Monatsgehalt – alles prima – aber Sie müssen sich an unsere Arbeitszeiten halten – das ist jetzt schon das dritte Mal diese Woche – wenn das jeder täte ... wo kämen wir da hin?"
Borkmann sagte: „Aber es tut ja nicht jeder – und außerdem ist es für mich wichtig, den ersten Aufschlag mindestens zu fünfundachtzig Prozent ins Feld zu bringen, meine quer über den Platz gesetzte Rückhand zu verbessern und mit der Vorhand den Ball hundertprozentig sicher längs der Linie zu setzen."
Der Chef, der ein freundlicher Chef war, scherzte: „Lieber Borkmann, können Sie mit dem fünfundachtzigprozentigen Aufschlag und der queren Rückhand etwa Ihre liebe Frau ernähren und Ihr Kind? Wir alle müssen manchmal Sachen machen, die uns nicht so gut gefallen."
Borkmann sagte: „Wissen Sie was? Ich habe keine Lust mehr, Computer mit irgendwelchem Blödsinn zu speichern. Ich kündige!"
Der Chef: „Lieber Mann – machen Sie sich nicht unglücklich – überlegen Sie sich das!"
Aber Borkmann stand auf, ging raus, tippte einen dreieinhalb Zeilen langen Brief und legte ihn wieder dem Chef vor. Dann ging Borkmann wieder hinaus, auch an seinem Schreibtisch vorbei und verließ das Haus. Herr Borkmann ging direkt auf den Tennisplatz, um Aufschlag, Rückhand und Vorhand zu üben.
Als er nach Einbruch der Dunkelheit nach Hause kam, saß seine liebe Gattin noch da und schaute sich im Fernsehen irgendeine Serie aus der texanischen Stadt Dallas an – Herr Borkmann warf einen kurzen Blick darauf und meinte, daß man in Dallas immer die WCT-Weltmeisterschaft austrage. Dann sagte er, daß er gekündigt habe.
Die Gattin fand diese Nachricht weniger lustig. Sie meinte, man hätte vorher darüber sprechen müssen – nach einer Weile stellte sie die Frage aller Fragen: „Kannst du mir vielleicht sagen, wovon wir jetzt leben sollen?" Herr Borkmann zuckte mit den Schultern: „Wir haben noch etwas auf der Bank – die zehn Mille vom Onkel!" Frau Borkmann wandte ein, daß dieses Geld eigentlich für das Kind vorgesehen sei, worauf Herr Borkmann schlafen ging. Er sagte noch: „Ich gehe morgen früh um kurz

vor sechs aus dem Haus!“ Frau Borkmann rief ihm hinterher: „Du bist verrückt!“ Obgleich sie mit dieser Aussage nicht ganz unrecht hatte, wurde die Situation dadurch kaum verändert. Im Gegenteil: Als Herr Borkmann spät abends heimkam, fand er die Schlafzimmertür verschlossen und alle seine Tennissachen säuberlich in einen großen Koffer gepackt in der Diele. Herr Borkmann nahm den Koffer und fuhr sofort zurück in den Club, wo der Platzmeister ihm eine Schlafstelle in jenem Raum einräumte, wo im Winter die Netze und die Schiedsrichterstühle aufbewahrt werden.
Man muß zugeben, daß das Spiel Herrn Borkmanns in den nächsten Wochen gewaltige Fortschritte machte. Alle seine Schläge, die früher mit einer wackeligen, etwa zwanzigprozentigen Sicherheit kamen, verbesserten sich auf fast fünfzig Prozent. Als er eines Tages sehr sicher gegen Herrn von Thannen siegte, der seit Jahren im Club ungeschlagen war, überlegte Herr Borkmann, ob er sich nicht an irgendwelchen kleineren Turnieren beteiligen sollte, wo es einige wenige Punkte für den bereits erwähnten Computer und die Rangliste gab – man erhielt sogar ein gewisses Entgelt, wenn man ins Viertelfinale kam. Nicht gerade viel, aber Herr Borkmann vermochte mit einem Hunderter ein paar Tage auszukommen – er hatte wenig Ansprüche, wenn man von seiner Tennisausrüstung absah.
Frau Borkmann indessen hatte sich die Angelegenheit des längeren überlegt und auch mit ihren Freundinnen darüber gesprochen. Und da die Ehe ja nicht nur ein Bund zur Sicherung der Ernährung ist, sondern auch eine Verbindung des Himmels, suchte Frau Borkmann schließlich den Pfarrer der Gemeinde auf. Pastor Fahrne war einer dieser jungen Geistlichen, die einem den Spaß am Glauben nicht gleich an der Türe verderben – er setzte gerade eine Fensterscheibe ein, die ihm von den Jungs beim Fußballspiel zertrümmert worden war; er trug auch keinen Distanz gebietenden Talar, sondern Jeans und ein T-Shirt, welches bessere Tage gesehen hatte. Pastor Fahrne hörte sich das Anliegen seiner Schwester im Herrn an und meinte, er werde sich darum kümmern.
Einige Tage später sah man Pastor Fahrne, wie er zusammen mit Herrn Borkmann auf den Tennisplatz ging. Pastor Fahrne hatte Herrn Borkmann um Unterweisung gebeten: „Nur um ein paar Schläge wieder aufzufrischen. Alle Welt spielt Tennis, warum soll ich es nicht auch tun? Und wenn ich meine Schäfchen eher auf dem Tennisplatz treffe als in der Kirche, soll es mir recht sein!“ Pastor Fahrne war – wie gesagt – ein ziemlich dufter Typ.
Es dauerte nur wenige Minuten, dann unterbrach Herr Borkmann das Spiel und kam ans Netz. „Hören Sie“, begann er, „wenn Sie sich nicht bemühen, auf den Ball zu schauen, und wenn sie nicht früher ausholen und den Schwung ganz bis zum Ende durchziehen – wenn Sie sich nicht richtig

stellen bei Ihrer Rückhand – wenn Sie das alles nicht tun, hat es keinen Zweck!“ Dann zeigte Herr Borkmann, wie man es richtig macht. Die beiden spielten etwa drei Stunden. Dann mußte Pastor Fahrne gehen, weil er die Predigt für den nächsten Sonntag vorzubereiten hatte. Aber er versprach, am nächsten Tag wiederzukommen und bat Herrn Borkmann um weitere Lektionen.
Pastor Fahrne saß kaum an seinem Schreibtisch, als das Telefon klingelte. Frau Borkmann: „Und? Was hat er gesagt?“ Pastor Fahrne antwortete wahrheitsgemäß: „Ihr Mann, liebe Frau Borkmann, hat mir sehr geholfen, die Schwächen meiner Vorhand zu beheben – aber ich brauche sehr viel Übung. Wir werden morgen früh wieder miteinander spielen. Ich habe mich entschlossen, wieder regelmäßig auf den Tennisplatz zu gehen, man lernt Seiten des Lebens, die einem sonst lange Zeit verschüttet schienen!“ Frau Borkmann legte den Telefonhörer nachdenklich auf. Ihr Zweifel am Beistand der Geistlichkeit in wichtigen Fragen ihres Lebens schien nicht ganz unberechtigt.
Nach weiteren Gesprächen mit ihren Freundinnen entschloß sich Frau Borkmann, weltlichere Mittel einzusetzen, um einen treusorgenden Familienvater und Angestellten ins Haus zurück zu bekommen. Sie suchte die Kreissparkasse auf, wo Herr Bodenmüller als Filialleiter sehr segensreich wirkte. Herr Bodenmüller zeigte Sorgenfalten auf der Stirn, als er Frau Borkmanns ansichtig wurde. „Darf ich Ihnen sagen“, so hub er an, „daß Ihr Konto in den Roten steht. Sie haben sogar schon das Sparbuch angegriffen, wo sie das Erbe des Herrn Onkel doch langfristig und zinsgünstig anlegten!“ Frau Borkmann nickte und gab damit zu verstehen, daß sie die Besorgnis Herrn Bodenmüllers teile. Es entstand ein Gespräch, welches damit endete, daß Herr Bodenmüller mit Herrn Borkmann telefonierte, um einen Termin im Club auszumachen. Man sollte hier noch einfügen, daß Herr Bodenmüller nicht nur die meisten Konten seiner Kunden im Kopf hatte, sondern auch über respektable Schläge verfügte. Er hatte nie zuvor gegen Herrn Borkmann verloren.
Herr Bodenmüller nutzte am nächsten Tag seine gesamte Mittagspause von zwölf bis halbdrei, um Herrn Borkmann von einer Rückkehr ins bürgerliche Leben zu überzeugen. Er gewann in zwei Sätzen nur ganze drei Spiele – Herr Borkmann gewann 6:2 – 6:1 und war recht gut gelaunt, da er nie zuvor gegen Herrn Bodenmüller zu siegen vermocht hatte. Herr Bodenmüller lud Herrn Borkmann nichtsdestotrotz zu einer Tasse Kaffee ein und brachte das Gespräch schnell auf das eigentliche Anliegen. „Meinen Sie nicht, daß es besser wäre, wieder einer geregelten Beschäftigung nachzugehen? Sie haben schließlich Frau und Kind – da muß man doch so etwas wie Verantwortungsgefühl entwickeln!“

Herr Borkmann blickte ein wenig erstaunt und lachte: „Wissen Sie was? Sie sind ein schlechter Verlierer! Jahrelang habe ich gegen Sie verloren, ohne auch nur ein einziges Mal bei Ihnen einen höheren Zinssatz zu verlangen. Und jetzt, wo Sie verloren haben, kommen Sie mir mit Verantwortungsgefühl. Kümmern Sie sich doch um Ihren eigenen Kram – und lernen Sie erstmal einen vernünftigen Aufschlag!“ Sprach's und ging.
Als Frau Borkmann am nächsten Tag die Filiale der Kreissparkasse aufsuchte, um mit Herrn Bodenmüller zu konferieren, hatte dieser zunächst keine Zeit. Dann war er sehr kurz angebunden und erklärte, daß er es nicht als seine Aufgabe ansehe, die Lebensumstände seiner Kunden zu verändern. Wo käme er denn hin, wenn das alle wollten? Frau Borkmann verließ die Kreissparkasse und war erneut nachdenklich.
Am nächsten Sonntagnachmittag zur Kaffeezeit erhielt Frau Borkmann Besuch von ihrem jüngeren Bruder Herbert – einem achtzehnjährigen Menschen, dessen pickelige Trägheit zumindest in der Familie sprichwörtlich war. Herbert, der vor ein paar Wochen die Führerscheinprüfung bestanden hatte, setzte sich, fraß die Hälfte eines gewaltigen Kuchens und rülpste schließlich: „Ich wüßte vielleicht, wie man Deinen Mann wieder zurückbringt!“
Frau Borkmann: „Wie meinst Du das?“
Herbert: „Weißt Du – nun bin ich achtzehn und fahre immer noch mit der S-Bahn zur Schule – alle in meiner Klasse haben einen fahrbaren Untersatz – nur ich nicht!“
Frau Borkmann: „Was hat das mit meinem Mann zu tun? Und wenn Du ein Auto willst, gehe gefälligst zu Deinen Eltern!“
Herbert, schläfrig: „Ich dachte ja nur, Du hättest gern meine Idee gehört – außerdem will ich ja gar kein Auto. Ich habe da ein Angebot von einem Freund – ein Leichtmotorrad, fünfhundert Piepen. Dazu noch 'nen Sturzhelm ...!“
Frau Borkmann: „Ich denke gar nicht daran!“
Bruder Herbert: „Ich dachte nur, Du hättest gern, wenn Dein Mann wieder in den Schoß der Familie zurückkehrt!“
Man kann nicht sagen, daß es eine sehr harmonische Unterhaltung war, aber derartiges ist unter Geschwistern zweierlei Geschlechts nicht unbedingt ungewöhnlich. Sie endete damit, daß Frau Borkmann mit hoffnungsvollen Tränen in den Augen einen Scheck über sechshundert Mark unterzeichnete und ihr Bruder fragte: „Was hast Du denn zum Abendessen?“ Dann entwickelte Herbert seiner Schwester einen Plan.
Als positives Ereignis der nächsten vier Wochen wäre zu erwähnen, daß Herbert seine gesamte Freizeit und auch einen Teil seiner Schulzeit darauf verwandte, mit einem gebrauchten Leichtmotorrad zu einer etwas entfern-

ter liegenden Tennisanlage zu fahren. Herbert hatte in der Jugendklasse sehr ordentliche Ergebnisse gesammelt, aber mit dem sechzehnten Lebensjahr beschlossen, sein Leben dem reichhaltigen Essen und der Rockmusik zu widmen. Jetzt nahm er sehr schnell die überzähligen Kilos ab und hatte auch relativ leicht wieder jenen flüssigen Stil entwickelt, wie ihn nur große Talente beherrschen, wenn sie sich ein wenig fleißiger geben. Herbert war ohne Zweifel eines von diesen Talenten. Es ergab sich schließlich, daß Herr Borkmann bei einer Fahrt zu einem dieser kleineren Turniere (Verlierer der zweiten Runde erhielten hundert Mark und vier Computer-Punkte) an einer Ampel den Fahrer eines Leichtmotorrads ein wenig rammte. Der Sturz sah ein wenig theatralisch aus, aber verfehlte keineswegs Eindruck auf Herrn Borkmann. Unter dem gewaltigen Helm des Motorradfahrers stellte sich Herbert heraus, was Herrn Borkmann stark beruhigte. Selbst als Herbert meinte, daß die Maschine natürlich völlig kaputt sei und er aus verwandtschaftlichen Rücksichten seinem Schwager gegenüber auf rechtliche Schritte verzichten würde, war Herr Borkmann froh. Er versprach nicht nur Ersatz des Schadens, sondern stellte auch sofort einen Scheck über fünfhundert Mark aus, den Herbert sorgsam verstaute. Alsdann sprach man noch ein wenig miteinander – es war dann wohl sogar Herr Borkmann, der das Gespräch auf das Tennisspiel brachte: „Wenn Du Lust hast, können wir ja ein paar Bälle schlagen! Vielleicht nächste Woche Dienstagnachmittag!“ Herbert zierte sich ein wenig: „Du weißt – ich habe es längst aufgegeben – bin doch überhaupt nicht im Training – aber wenn Du meinst ...“

Das Ende der Geschichte ist rasch erzählt: Herr Borkmann servierte am Dienstagnachmittag als Erster, und zwar mit diesem trockenen, satten Geräusch von den Saiten des Schlägers, die normalerweise im Clubtennis und etwas darüber ein Aufschlag-As zur Folge haben. Dieses Geräusch wurde allerdings noch übertroffen, durch den mehr sirrenden Laut auf Herberts Schläger, mit dem er Returns von fabelhafter Länge und vertracktem Topspin setzte. Wenn Herr Borkmann zu seiner harten Rückhand quer über den Platz ansetzte, stand Herbert am Netz genau dort und drückte das Volley in jener Weise weg, wie sie von den Sportreportern immer als ‚tödlich‘ bezeichnet wird. Und was die Prozentsätze der Bälle längs-der-Linie im Spiel von Herrn Borkmann anbetraf, so ist davon zu sagen, daß sie eine entsetzliche Baisse erlebten. Als Herbert beim Stande von 6:0, 5:0 und 40:15 einen schönen Lob über den verzweifelt ans Netz gestürzten Herrn Borkmann hinweg kurz vor die Grundlinie setzte und man sich in der Mitte des Platzes die Hände gedrückt hatte, konnte dieser eine kleine Verstimmung kaum verbergen: „Da kommt dieser Rock-Fan, der weiter nichts im Kopf hat, als Fressen und diese bescheuerte Musik und schießt mich vom Platz wie einen blutigen Anfänger – es ist ein idiotisches Spiel, und ich wäre das größte Rindvieh aller Zeiten, wenn ich auch nur ein einziges Mal noch diesen blöden Schläger anfassen würde! Es ist aus und vorbei – nie wieder!“ Die Tatsache, daß er seinen teuren Schläger am Netzpfosten zertrümmerte, bis er nur noch aus einem Gewirr von Saiten und Splittern bestand, sollte man nicht überbewerten – Herr Borkmann besaß mindestens ein halbes Dutzend solcher Schläger.

Auch das Ansehen von Herrn Borkmann im Club ist nicht entscheidend gesunken – es gibt eine ganze Reihe von Männern dort, die selbst in der Gegenwart ihrer Gattinnen mit hocher Achtung über Herrn Borkmann sprechen, der sich wenigstens eine Weile das getraute, was sich sonst niemand getraut. Frau Borkmann indessen ermuntert ihren Mann hin und wieder sogar: „Wenn Du glaubst, daß es Dir guttut – gehe doch ruhig wieder einmal zum Tennis!“ Herr Borkmann tut das auch – hin und wieder am Samstagmorgen oder so. Er wurde von seinem Chef auch wieder eingestellt – allerdings zu etwas verringerten Bezügen, schließlich muß man ja sehen, daß die Firma floriert. Herbert hat sich ein etwas größeres Motorrad gekauft, natürlich gebraucht – seine gesamte Freizeit und auch einen Teil der Schulzeit benutzt er dazu, Rockmusik zu hören und sich den Bauch mit Wattesemmeln und gebratenem Zadderfleisch vollzustopfen. Schade, denn Herbert wäre wirklich ein Talent gewesen.

Freunde
oder
Wie man zu einem neuen Schläger kommt

Es ist schön, Freunde zu haben, auf die man sich verlassen kann. Der erste Tennisschläger, den ich besaß, war ein solcher Freund: Ein robustes Stück Holz mit kräftigen Kanten, selbstverständlich nylonbespannt, welches man auch einmal in wilder Wut in die Ecke feuern oder auf der hinteren Ablage des Autos bei glühender Sonne vergessen konnte, ohne daß er gleich die sonderbarsten Formen annahm. Ich hatte dieses stabile Ding von einem Bekannten, dem ich blind vertraute – daß er selbst einen anderen Schläger spielte, machte mich keineswegs mißtrauisch – noch nicht einmal die Tatsache, daß der Preis, den ich zahlte, vielen anderen etwas überhöht erschien, erzeugte Ärger. Der Schläger machte es mir nicht leicht – kurz: Er war mir zu schwer. Aber jeder musterte nur meine athletische Figur und behauptete, er sei richtig; daß meine Hände offensichtlich etwas zu klein geraten waren, nahm niemand zur Kenntnis. Wie gesagt, der Schläger war prima – nur ich war es nicht.

Das änderte nichts an der Tatsache, daß es dieser Schläger war, dem ich das erste Mal das Geräusch des satten Plopp zu verdanken hatte. Es mag ja sein, daß bei anderen Leuten das Plopp noch ein bißchen satter war – aber das lag an den Saiten. Andererseits machte diesen Saiten auch ein solenner Landregen nichts aus. Nylon braucht zum Verrotten mindestens tausend Jahre, und ich hatte nie die Absicht, so lange Tennis zu spielen. Dieser Schläger, dem ich heute noch nachtrauere, überstand einen Umzug nicht. Genauer gesagt: Ein Möbelpacker hebelte damit einen Kleiderschrank in die richtige Position, worauf es Knacks machte – aber die Saiten waren noch gut. Der Möbelpacker riet mir, die Versicherung in Anspruch zu nehmen. Wer jemals die Absicht hegen sollte, einen beim Umzug entzwei gegangenen Tennisschläger bei einer Versicherung einzufordern, wird erfahren, daß das mit Schwierigkeiten verbunden ist. Ich fand einen neuen Bekannten, der ebenfalls tolle Beziehungen hatte und mir einen neuen Schläger besorgte. Inzwischen war ich etwas selbstbewußter geworden und

forderte gegen alle Vernunft ein Gerät, welches alle Experten nur elfengleichen Teenagern anraten – im Hinblick auf mein athletisches Äußere hielten sie diesen Schläger für zu leicht. Er war selbstverständlich ebenfalls aus Holz. Ich spielte mit diesem Schläger zwar kein Stück besser, aber er gab mir das Gefühl, besser zu sein.
Derartiges Gefühl ist nicht mit Freundschaft zu vergleichen, sondern mit Flirt. Aber es wäre unfair dem Schläger gegenüber, zu behaupten, daß ich mit ihm unglücklich gewesen wäre. Kein Mensch ist unglücklich, wenn er flirtet. Aber ein Flirt ist weniger solide als Freundschaft: Die Darmsaiten rissen nach dem ersten bißchen Nieselregen – der Schlägerkopf erhielt einen interessante Wellenform, nachdem ich das Ding einmal hinten im Wagen liegen ließ. Das hätte mich noch nicht besonders beeinflußt, wenn er nicht eines Tages bei einer gewaltigen Rückhand zerbrochen wäre. Ich muß wahrheitsgemäß dazu sagen, daß ich bei dieser Rückhand ein kleines bißchen den Netzpfosten touchierte – aber ich glaube nicht, daß das entscheidend war.
Nun gibt es zwar Spieler, die einen zerbrochenen Schläger verächtlich unter die Bank an der Seite des Platzes feuern, und einen anderen aus dem tiefen Reservoir ihrer Tasche ziehen – sie pflegen alsdann gegen die Saiten zu schlagen und zu lauschen, so wie es die Musiker vor dem Konzert machen, wenn es immer so quietscht und jault. Mir war derartiges nicht vergönnt. Ich besaß nur diesen einen Schläger.
Damit ich das Match zu Ende führen konnte, lieh mir jemand eine blinkende Keule aus irgendeinem Metall. Ich steckte die Reste des zerbrochenen Schlägers in die Tasche – dämlicherweise, denn was macht man damit? Es hätte mir auffallen sollen, daß mein Gegner während des Seitenwechsels sagte, ich solle unbedingt wieder einen Holzschläger kaufen – ich würde sonst innerhalb weniger Wochen einen unheilbaren Tennisarm erleiden und meine Karriere unter grauenvollen Schmerzen beenden.
Dieser Hinweis war nur ein bedeutungsloser Beginn für eine Serie von Ratschlägen, wie ich sie weder beim Kauf von Automobilen oder einer bevorstehenden Heirat jemals erleben durfte.
„Du brauchst einen Stahlschläger! Sonst wirst Du innerhalb weniger Wochen Deinen Ellenbogen ruiniert haben!"
„Wenn Sie sich keinen Holzschläger zulegen, werden Sie dieses Spiel nie richtig begreifen!"
„Es geht nichts über Graphit mit eingebautem Vibrationsdämpfer – Sie werden den Ball auf den Saiten spüren!"
„Wenn ich Ihnen einen Rat geben darf – nehmen Sie Aluminium! Sie werden Bälle abschießen, von denen Sie bisher nur träumten!"

„Um Gottes Willen kein Aluminium – der hat nur einen Sinn, wenn Sie wirlich jeden Ball genau in der Mitte des Schlägers treffen!"
„Warum versuchen Sie es nicht mit einem Midsize – er ist genau das Richtige für einen fortgeschrittenen Anfänger!"
„Für Sie kommt eigentlich nur die große Patsche in Frage – mit der ist das Spiel erst eine richtige Freude!"
„Am besten ist Midsize aus Holz – ich schwöre Ihnen – nie mehr Ärger beim Aufschlag!"
„Glasfiber! Nichts anders als Glasfiber! Man muß mit der Zeit gehen!"
„Sind Sie verrückt?! Um Himmelswillen kein Glasfiber – Sie müssen einen Stahlschläger haben!"
„Versuchen Sie einmal Graphit! Nehmen Sie meinetwegen sogar diesen hier, der mir gehört – spielen Sie einen Satz, Sie werden überzeugt sein!"
Man glaubt gar nicht, wie vielen Leuten auf einmal daran gelegen ist, daß man endlich eine gescheite Rückhand schlägt – sogar jene, die sonst so ängstlich darauf bedacht waren, ja ihren oberen Platz in der Rangliste zu halten, wollten nun anscheinend unbedingt von mir geschlagen werden. Ich bekam mindestens ein Dutzend Schläger der verschiedensten Macharten für ein Weilchen geliehen – wahrscheinlich gab man mir nicht gerade den Lieblingsschläger, aber doch zumindest den zweitliebsten.
Ein bißchen hinderlich war dabei lediglich, daß sie sich an den Platzrand stellten und mir laufend Anweisungen gaben, wie man mit diesem speziellen Rackett einen Aufschlag oder einen Schmetterball durchzuführen habe; eine Tatsache, die nicht unbedingt dazu angetan war, meine eh' nicht besonders stark entwickelte Technik zu verbessern. Was mich vor allem störte, war der immer wieder vorgebrachte Hinweis, daß der Schläger dieses oder jenes tue: Bisher war ich immer der Meinung gewesen, daß ich es bin, der das Gerät bewegt – jetzt wurde ich nach und nach vom Gegenteil überzeugt. Der Schläger war der Schwanz, der mit dem Hund wedelte – und der Hund war ich.
Es dauerte eine gewisse Zeit, bis ich mich von dieser Erkenntnis erholte und mein stark angeknackstes Selbstvertrauen wieder gewann. Eines Tages (ich war mit einem Holz, mit einem Graphit und einem Leichtmetall verabredet) hatte ich von all' dem die Nase gestrichen voll. Ich ging in den nächsten besten Laden und kaufte eine steife Rheumakeule von der altmodischen Machart, und wenn der Verkäufer nicht so überzeugend gewesen wäre, hätte ich mir auch noch einen Nylonfaden darauf spannen lassen. Das Ding war eigentlich ein bißchen zu schwer und der Griff eine Nummer zu groß, was aber eher ein Fehler meiner zu kleinen Hände war. Ich fand den Schläger prima, obgleich ich damit genausoviel gewann oder verlor wie mit jedem jener anderen, die ich in den vorangegangenen Tagen hatte

ausprobieren müssen. Hin und wieder brachte ich damit ein richtig schönes Plopp zustande, welches sich nur geringfügig von dem satteren Plopp meiner Mitspieler unterschied.
Wahrscheinlich werde ich mir in absehbarer Zeit vielleicht auch einen zweiten Schläger kaufen, aber zunächst einmal bleibe ich bei diesem, von dem ich hoffe, daß er sich mit mir befreundet. Und wenn wir noch einmal umziehen sollten, werde ich ihn hüten wie einen Augapfel.

Ferienerlebnisse
oder
Der Tick von Bobby Kasurske

Im Spätsommer, wenn sich nach den großen Ferien alle wieder einfinden, erwarten wir immer mit besonderem Interesse die Erzählungen von Bobby Kasurske. Niemand erlebt so spannende Ferien wie Bobby Kasurske, und niemand vermag so spannend davon zu erzählen. Es könnte einer mit frischer brauner Gesichtsfarbe beispielsweise mit der gewiß fesselnden Einleitung beginnen: „Die Karibik war ungewohnt unruhig an diesem Morgen – wir waren trotzdem hinausgefahren, weil der Barakuda bei solchem Wetter am liebsten beißt – auf einmal sahen wir die Schwanzflosse eines Haifisches – ich sage euch, so hoch wie ein FD-Segel ..." In diesem Moment wird Bobby Kasurske mit Sicherheit die Geschichte unterbrechen und davon berichten, wie ihm Harry Hopman im Trainingscamp in Florida insgeheim verriet, daß er – Bobby Kasurske – mehr Talent hätte als Borg, Connors, Lendl und McEnroe zusammen. Leider hätte man es versäumt, das Talent Bobby Kasurkse früher zu erkennen – heute sei es leider zu spät. Bobby Kasurske heißt selbstverständlich Robert – als er eines Tages bemerkte, daß die Angelsachsen zu solchen Leuten Bobby sagen, nannte er sich fortan so. Es heißt, er sei sogar zur Bank gelaufen, und habe dort eine neue Unterschrift registrieren lassen. Bobby Kasurske also ist Junggeselle, was nicht unbedingt gegen ihn spricht; er besitzt ein florierendes Ausstattungsgeschäft für Damenoberbekleidung in der Stadt, welches ihm ein angenehmes Auskommen beschert. Und dann hat er selbstverständlich jenen Tick, seine ganzen Ferien auf Tennisplätzen zu verbringen. Auch dagegen wäre nichts zu sagen, wenn er seine Begegnungen mit den berühmtesten Leuten dieses Spiels nicht immerfort erzählen müßte. Jeder, der das Ende jener Geschichte mit dem gewaltigen Haifisch gerne erfahren hätte, mußte alle Hoffnungen darauf fahren lassen. Auf diese Weise sind in unserem Club viele sicherlich sehr interessante Geschichten niemals zu Ende erzählt worden.

Dafür gibt es die immer fesselnden Erlebnisse von Bobby Kasurske. Als unser Präsident, ein weitgereister Mann mit vielen Verbindungen in den nahen und fernen Osten, kürzlich davon berichtete, daß sein Flugzeug entführt worden sei und die Entführer mit Handgranaten und Maschinenpistolen herumfuchtelten (wir hingen alle gespannt an den Lippen des Präsidenten, der bei solchen Gelegenheiten gerne einen ausgab), war unbemerkt Bobby Kasurske hereingekommen. Bobby Kasurske beherrscht die erste Regel jeglicher Rhetorik, die da lautet: Wenn der andere Luft holt – direkt loslegen! Obgleich es mit dieser Geschichte nichts zu tun hat, sollte man darauf hinweisen, daß diese Technik bei Fernsehdiskussionen zwischen Politikern mit sehr viel Frfolg angewandt wird.

Der Präsident erzählte also mit viel Humor, wie ihm einer der Entführer die Pistole an den Kopf legte – während wir ihm gespannt lauschten, nahm er einen Schluck und holte tief Luft – hier stieß Bobby Kasurske zu: „Dazu fällt mir ein, wie ich in den Ferien im Camp von Lew Hoad gegen den Meister persönlich spielte. Normalerweise gibt er sich ja nicht mehr mit seinen Schülern ab – aber er hatte mir wohl eine Weile zugeschaut und meinte anschließend, ob ich ein paar Bälle mit ihm schlagen wolle. Natürlich hatte ich nichts dagegen – aber als er dann meinte, wir sollten doch einen Satz spielen, dachte ich, warum nicht? Und ich sage euch – kommt doch ein Lob direkt aus der Sonne – ich denke, hauste einfach drauf – ich treffe den Ball natürlich vollfett und haue im das Ding direkt vor die Stirn. Er taumelt und sagt – okey your set. Und haut ab. Das fällt mir nur gerade ein, wo Sie die Sache mit der Pistole am Kopf erzählen!"

Obgleich wir es alle bedauerten, nicht das Ende der Entführung unseres Präsidenten erfahren zu können (das Bedauern bezog sich auch darauf, daß wir nun keinen ausgegeben bekamen), wandten wir uns alle Bobby Kasurske zu, der auch sofort eine andere Geschichte begann, in der er gegen Gracia von Monaco oder Peter Ustinov spielte – vielleicht waren es auch Martina Navratilova oder Chris Evert.

Bobby Kasurske hatte zwar praktisch alle berühmten Tennis-Camps der Welt besucht und dort gegen jeden der Weltrangliste zumindest einmal als Trainingspartner ausgeholfen – das änderte allerdings nichts daran, daß er auf diesen feudalen Plätzen auch jede Menge Berühmtheiten getroffen hatte. Das klang dann so: „Spiele ich da in Marbella mit Liz ein bißchen Mixed gegen Sean und Elke – wobei ich sagen muß, Elke schlägt wirklich ne ordentliche Keule – also ich trickse Sean aus – kurz-lang-kurz und dann längsdelinie – schließlich machen die anderen auch mal nen Punkt, weil Liz ja noch ganz proper, aber auch nicht mehr die schnellste – also, was meint ihr, was die da macht? Da kommt ihr nie drauf – nimmt sich den Ball und stopft ihn in den Ausschnitt – tut so, als ob sie reinschaut und schreit über den Platz, daß sie drei Bälle hat – und klopft sich dabei vor den Busen. Mann, haben wir gelacht – tolles Mädchen, die Liz. Und der Sean hat sich kaum noch eingekriegt vor Lachen. Wir gewannen – drei und vier!"

So erzählt Bobby Kasurske. Wenn man sich getraut, ihn zu fragen, wer denn Liz sei oder sonstwer, schaut er ganz erstaunt: „Na Liz Taylor natürlich. Und Sean Connery der andere – kennste doch, 007!" Da mag man denn auch nicht mehr fragen, wer eigentlich Elke war, weil man sonst ja so ungebildet aussieht, wenn man sich mit diesen Leuten nicht duzt – ja, sie noch nicht mal von Angesicht zu Angesicht gesehen hat.

Selbstverständlich lebt Bobby Kasurske zumindest in den Ferien auch rein sportlich, wenn es gerade in die Geschichte paßt. Dann weiß er von Strandläufen morgens um fünf zu erzählen: „Mann, wie die Sonne aufging – das war so ein Erlebnis, das haste direkt gehört, wie die aufging – und dann kommen die Fischer zurück vom Meer – um sieben auf dem Platz und gespielt bis um neun – danach war's meistens zu heiß!" Bobby Kasurske blickt dann ganz träumerisch aus dem Fenster, obgleich dort dreihundert Meter hinter unserem hintersten Platz nur der Qualm von der Müllverbrennungsanlage zu sehen ist. Und daß es bei unsereinem in den Ferien meistens geregnet hat, mag man denn auch nicht erzählen, weil es ja nur die Stimmung zerstört.

Obgleich uns Bobby Kasurske manchmal schon ein bißchen auf den Wecker geht, vermag kaum jemand seine insgeheime Bewunderung für ihn zu verhehlen. Wobei man nicht genau weiß, was man mehr bewundern soll: Seine Begegnungen mit den berühmtesten Stars, seine sportive Haltung morgens um fünf, seine tollen Matches, die er nach 0:5 im dritten noch zu gewinnen pflegt – oder auch, wenn er in aller Naturverbundenheit einen richtigen draufmacht: „Wollte eigentlich schon ins Bett gehen, aber da rief Micki an – zauberhaftes Mädel – ist Stewardess, in Hongkong geboren – Vater Ire, Mutter Chinesin – ob wir nicht noch nen Zug machen wollen. Ich wieder rein in die Klamotten. Zauberhafte Nacht, sage ich euch – zuletzt mutterseelenallein am See – und wie die Sonne auf einmal die Gipfel färbt – vergißte nie, sowas!"

So ist Bobby Kasurske. Wenn man da so zuhört, senkt sich schon manchmal ein wenig der gelbe Neid ins Herz, weil bei uns vor dem Zubettgehen noch nie jemand wie Micki anrief und die Gipfel in den Wolken waren. Außerdem bekommt man auch ein schlechtes Gewissen, weil man morgens um fünf nie zu Strandläufen unterwegs war, sondern noch tief pennte.

Nur ein einziges Mal hätte Bobby Kasurske beinahe Krach bekommen, als er mit einer seiner vielen Geschichten begann. Das war, als die Kinder im Clubhaus kurz vor Weihnachten das Krippenspiel aufführten: Als der eine von den kleinen Engeln nämlich verkündete, daß Hirten draußen auf dem

Felde seien – da fing Bobby Kasurske an, seinem Nebenmann schreiend zuzuflüstern, daß er die Tenniscamps in Israel ja für die besten der Welt hält und wie er da bei brütender Hitze gespielt habe, während hinter dem Hügel offensichtlich ein Feuergefecht stattfand. Wie gesagt: Da hätte es fast Krach gegeben, aber auch nur fast. Denn interessant ist es schon,·zu erfahren, daß dort, wo das Christkind geboren wurde, Bobby Kasurske ganz in der Nähe Tennis spielte. Als er die Geschichte nachher zu Ende erzählte (die Kinderchen waren beschert und heimgebracht worden), bewunderten wir alle uneingeschränkt seine Kaltblütigkeit.
Bobby Kasurskes Ferienerlebnisse gerieten nur einmal in Zweifel. Das war, als Frau Hergelsheimer aus den Ferien kam und zu berichten wußte, daß sie zufällig ebenfalls in Island oder Indien gewesen sei – und dort habe sie Bobby Kasurske getroffen: Er sei keinen Morgen vor zwölf aufgestanden, habe sich jeden Abend den Kanal vollgehauen und die Damen hießen zwar Liz oder so ähnlich, hätten aber nichts mit der Taylor zu tun gehabt. Nun muß man in diesem Zusammenhang wissen, daß Frau Hergelsheimer eine von jenen Frauen ist, die immer Ende Dreißig bleiben – sachlich-sportlich, und man kann auch nicht ausschließen, daß sie Bobby Kasurske einfach hinterhergereist ist – na ja, man kennt sowas ja. Auf jeden Fall hat Bobby Kasurske nie etwas von einem Zusammentreffen mit Frau Hergelsheimer erzählt, und wir haben ihn auch nicht gefragt – vielleicht hätten wir ihn sonst vergrämt und nie wieder so schöne Geschichten erfahren. Außerdem hat sich Frau Hergelsheimer kurze Zeit danach auch bei uns abgemeldet und ist einem anderen Club beigetreten, mit dem wir nicht die allerbesten Beziehungen haben.
Wenn man sich das genau überlegt, berührt es allerdings seltsam, daß Bobby Kasurske noch niemals bei uns gespielt hat, sondern immer nur davon erzählt, wie er es in den Ferien tat. Aber mit Sicherheit gibt es da eine ganz einfache Erklärung – vielleicht sollte man Bobby Kasurske einmal danach fragen.

Fortschritt
oder
Wer jemals einen Güterzug bewegte

Wann genau es mit Herrn Pfefferkorn begann, vermag ich nicht mehr genau zu sagen. Auf jeden Fall ist es so, daß Herr Pfefferkorn heute der bei weitem am besten, teuersten und reichhaltigsten ausgestattete Mann in unserem Club ist. Dabei sollte man sich nicht der irrigen Meinung hingeben, daß er etwa unverhofft zu großem Reichtum gekommen sei. Herr Pfefferkorn verfügt als Angestellter des mittleren Dienstes in der Stadtverwaltung über ein sicheres, aber keineswegs luxuriöses Einkommen – er bewohnt eine bescheidene Wohnung, fährt einen Wagen aus dritter Hand, seine Frau geht halbtags arbeiten, sein Kind wird zur Enthaltsamkeit erzogen.
Aber Herr Pfefferkorn ist so schnieke ausgerüstet, daß man sich oft wundern muß. Als wir beispielsweise uns noch alle der Überzeugung hingaben, daß ein Tennisschläger aus Holz sein muß, und zwar mit kräftigem Griff und einem brettsteifen Kopf – da kam Herr Pfefferkorn bereits mit einem blitzenden Ding daher, an dem nur die Rallyestreifen fehlten, um es nicht mit einem dieser schnellen Autos zu verwechseln. Er dozierte darüber auch in der gefälligsten Weise, sprach von Vibrationseffekten, Effet-Problemen und Ball-Konkretisierung, so daß wir allesamt in tiefer Depresssion am liebsten unsere traditionellen Schmetterlingsnetze verbrannt hätten.
Ähnlich war es mit den Schuhen, von denen wir lange Zeit nur immer geglaubt hatten, sie müßten weiß sein und nach einem gewissen Benutzungsprozeß jenes vornehme Altrosa annehmen, welches auf das eifrige Spiel auf roten Sandplätzen zurückzuführen ist. Herr Pfefferkorn belehrte uns schnell eines anderen.
Schuhe – so meinte er – seien wichtiger als Schläger. „Überlegen Sie einmal, daß ein Schuh, der fünfzig Gramm schwerer als der einer anderen Marke ist, schon nach zwanzig Schritten genausoviel Energie benötigt, wie ein Schuh, der ein Kilo schwerer ist, nach einem Schritt:“ Diese Logik, der sich niemand verschließen mochte, unterstrich er selbstverständlich mit

einem sogenannten Schrittmesser, den er sich an die Hüfte heftete; er führte somit den Beweis, daß wir alle während eines Dreisatz-Matches einen knappen Güterzug Gewicht zu viel mit uns herumschleppten, was wiederum zu einem starken Leistungsabfall führen müsse. Auch hier die kristallklare Logik: Wer vermag bei fünfbeide im dritten Satz noch gazellengleich zu springen – wenn er weiß, er hat einen Güterzug bewegt? Allein der Gedanke daran erweckt Müdigkeit.

Aber das Gewicht der Schuhe blieb bei Herrn Pfefferkorn bei weitem nicht das einzig Relevante: Ein besonderes Augenmerk verwandte er auf die Ventilation dieser Fußbekleidung. „In einem Schuh entstehen Hitzegrade, die denen einer Sauna ähnlich sind – daher auch die weitverbreitete Ansicht, daß das Tennisspiel zwangsläufig zu Schweißfüßen zu führen habe. Jedermann weiß aber, wie sehr große Hitze zu schlapper Müdigkeit führen kann – der Hitzestau in den Schuhen wird durch die Blutzirkulation nur sehr mangelhaft abgebaut, vor allem auch deshalb, weil er sich laufend erneuert. Das einzig Wahre ist also die Schuh-Ventilation, die sich durch besondere Einlagen und luftigen Oberbau erreichen läßt!" Herr Pfefferkorn trug also ventilierte Schuhe von großer Leichtigkeit, und wir schämten uns ein wenig unserer Rückständigkeit, die im Umkleideraum auch einen strengen Duft durchgeschwitzter Socken hinterließ.

Apropos Socken: Herr Pfefferkorn trug sie nur vom besten, und zwar schweißsaugend, obgleich bei ihm wegen der Ventilation ja kaum noch etwas zu saugen war. Wohin diese Socken den Schweiß saugten, vergaßen wir zu fragen – ich nehme an, die Flüssigkeit wurde durch geheimnisvolle chemische Vorgänge direkt in ein Fußpuder verwandelt, welches die Entwicklung des kribbelnden Fußpilzes ausschloß.

Als besonders delikates Thema entwickelte sich das Problem der Hose – Herr Pfefferkorn trug hier eine Konstruktion, die sich äußerlich kaum von den uns geläufigen Shorts unterschied, aber in Schnitt und Material alles bisher dagewesene in den Schatten stellte (ein Bild, welches man sich bei einer Hose nur schlecht vorstellen kann). Selbstverständlich war sie darauf eingerichtet, ein kleines Handtuch an die Lenden zu knöpfeln, obgleich Herr Pfefferkorn davon nie Gebrauch machte, weil ihn das Herumschleppen des Gewichts störte (siehe Schuhe). Aber schon die Taschen waren bei seinen Hosen auf das Raffinierteste angelegt: Sie waren so weit, daß der nach dem ersten Aufschlag dort hineingesteckte zweite Ball in keinster Weise auf die Leistendrüsen drückte, was – so meinte Herr Pfefferkorn – auf die Konzentrationsfähigkeit Auswirkungen habe. Außerdem paßte dort noch eine gewisse Menge Sägemehl hinein, die dem Trocknen der Hände sehr zuträglich sein sollte. Im Intimbereich dieser Hosen aber steckte ein bevölkerungspolitisch wichtiges Detail – lassen wir Herrn

Pfefferkorn diese pikante Einzelheit selbst erklären: „Zu enge Hosen im Schritt können zur Impotenz führen, da das Genital, welches sonst auf Grund seiner exponierten Außerordentlichkeit immer etwas unterkühlt ist, nun durch die Preßlage am Körper dessen erhöhte Temperatur annimmt. Als Beweis für diese These gelten die zu engen Jeans, die bei jungen Männern diese Folge hatten, die nicht immer als Schaden angesehen wird!"
Das sagte er tatsächlich mit verantwortungsvoll-ernstem Gewicht, so daß selbst die anwesenden Damen nichts dabei fanden. Die Bemerkung eines anderen Herren in den besten Jahren, daß die Einführung des schottischen Kilts in unserem Club wahrscheinlich eine Geburtenschwemme hervorrufen würde, nahm man dagegen mit geziemender Ablehnung zur Kenntnis. (Obgleich es mit dieser Geschichte nur wenig zu tun hat, blieb es nicht verborgen, daß die Einführung schlabbriger Hosen, die durch ein mysteriöses Modediktat anempfohlen wurde, sehr bald großen Anklang fand.)
Herr Pfefferkorn besaß also diese himmlischen Hosen, die ihm in jeder Form eine ausreichende Bewegungsfreiheit garantierten, ohne deswegen als unschick angesehen zu werden. Es erübrigt sich fast, darauf hinzuweisen, daß er darunter einen Slip trug, der aus reinem Angora bestand: „Ich bevorzuge das Angora kaukasischer Kaninchen, welches zwar nicht so strapazierbar ist, aber auf der Haut von nichts anderem übertroffen wird.
Die Hemden von Herrn Pfefferkorn waren selbstverständlich vom Allerfeinsten. Das betraf nicht das sorgsam ausgewählte Material, sondern vor allem den absolut aufschlaggerechten Schnitt: „Wie oft sieht man denn einen Spieler, sogar der Weltklasse, der sich vor dem Aufschlag zunächst den kurzen Ärmel zurechtzupft!? Dieses ist ein absolutes Zeichen der Unzulänglichkeit des Schnittes – der Spieler spürt den leichten Druck des Stoffes am Arm, es ist ihm eine Spur von Unbequemlichkeit daran, welches der Sicherheit seines Schlages abträglich erscheint. Sie können das immer wieder sehen, wenn Sie die Fernsehübertragungen der großen Tennismeisterschaften genau betrachten. Das bessere Hemd macht den besseren Spieler – bei zwei gleichstarken Spielern wird immer das bessere Hemd siegen!"
Herr Pfefferkorn vermochte sich über Hemden in eine gewisse Ekstase zu reden, die von solch ansteckender Dogmatik war, daß die entsprechenden Fachgeschäfte in unserer Stadt einen Ausverkauf meldeten. Unter den Armen, wo sich eine transpirations-intensive Stelle befindet, waren da ventilierend-schweißsaugende Materialien verwendet – Brust und Rücken erschienen porös genug, um Luftigkeit zu garantieren – natürlich ließ sich dieses wunderbare Kleidungsstück unauffällig so an der Hose befestigen, daß es nicht herausrutschte. Herr Pfefferkorn hatte sich mindestens ein

halbes Dutzend solcher Hemden gekauft, die zusammen ungefähr so viel kosteten, wie ein vierzehntägiger Ferienaufenthalt in einem Hotel mit mehreren Sternen.
Man braucht wohl kaum noch zu erwähnen, daß Herr Pfefferkorn an beiden Handgelenken Schweißbänder in den gewagtesten Designs zu tragen pflegte; den Hinweis darauf, daß diese Pulswärmer ja eigentlich im Gegensatz zu seiner Ventilationstheorie stünden, entschuldigte er mit dem gütigen Lächeln eines Vaters, dem ein Kind gerade etwas klarzumachen versucht, wovon es nun wirklich keine Ahnung hat.
Zur Sprache bringen sollte man aber unbedingt noch das Stirnband des Herrn Pfefferkorn: Es ist nämlich so, daß Herr Pfefferkorn über einen etwas schütteren Haarwuchs verfügt, den er zudem noch in militärisch-knapper Form zu stutzen pflegte. Da Stirnbänder aber erst richtig bei wallender Mähne zur Geltung kommen und einen Sinn erhalten, ließ Herr Pfefferkorn sich die Haare wachsen, bis sein Kopf das Aussehen einer verhagelten Schnittlauchstaude erhielt. Da dieser Wachstumsprozeß aber eine längere Zeit in Anspruch nahm, erstand er teure Haarwuchsmittel, die seltsamerweise meistens von kahlköpfigen Friseuren und Drogisten angeboten werden. Wenn man es genau nimmt, war Herr Pfefferkorn wahrscheinlich der erste Tennisspieler auf der Welt, der seine Schläge auf den Gebrauch einer speziellen Haartinktur zurückführte.
Was Herrn Pfefferkorn sehr sympathisch machte und ihm viele Freundschaften eintrug, war die Tatsache, daß er immer und zu jeder Zeit über einen entsprechenden Vorrat frischer Bälle verfügte; wenn jemand gegen ihn spielte und seine eigenen abgefummelten Filzkugeln aus der Tasche holte, pflegte Herr Pfefferkorn nur einen abschätzigen Blick darauf zu werfen: „Sammeln Sie die Dinger wieder ein!" Und dann zog er mindestens zwei Büchsen funkelnagelneuer Bälle hervor.
Selbstverständlich besaß Herr Pfefferkorn ein Sortiment von Schlägerspannern, die er sofort nach dem letzten Ball benutzte – er hatte sich eine Maschine gekauft, mit der er die Saiten in emsiger Heimarbeit selbst aufzuziehen vermochte – er verfügte über eine schöne Anzahl kleidsamer Mützen für Gelegenheiten, an denen er auf das Stirnband verzichtete – er führte Buch über seine guten und schlechten Schläge, belegte Trainerstunden, führte Buch auch über die Erfolgsquoten bei eventuellen Gegnern: Herr Pfefferkorn war der perfekte Tennisspieler in unserem Club schlechthin. Noch perfekter wurde er nur von der herstellenden Industrie dieser Branche angesehen.
Herr Pfefferkorn hatte eigentlich nur einen einzigen Fehler: Er beherrschte dieses Spiel nur ausgesprochen mangelhaft, und über den achtunddreißigsten Rang unserer Clubrangliste ist er nie hinausgekommen.

Prominententurniere oder Wenn der Name falsch geschrieben steht

Nun gut – Wimbledon werde ich nicht mehr gewinnen, schon allein wegen des Alters. Bei reeller Einschätzung der Dinge wird es mir auch kaum vergönnt sein, Schwedens Königin bei der Vergabe des Nobelpreises für Literatur entgegenzutreten. Aber für einen, der sein Leben Schläger und Schreibmaschine weihte, gibt es höhere Ehren als solche Weltmeisterschaften für Muskel und Meinung. Die Rede ist von Prominententennisturnieren.

Die Einladung zu einem solchen Meeting hat man selbstverständlich allein seinem Ruhm zu verdanken, den man auf einem Gebiete errang, welches mit demTennisspiel aber auch rein gar nichts zu tun hat. Auf der Einladung steht, daß außer Frank Sinatra und Breschnjew eigentlich alles da ist, was auf der Welt etwas zu sagen hat. Der geübte Neo-Prominente legt das Schreiben auf die Anrichte neben dem Telefon. Wenn er dann von seiner Hausgenossin darob befragt wird, sagt er lässig: „Ach ja – ich hatte es fast vergessen – außerdem weiß ich noch nicht, ob ich da hingehe!" Wenn sie dann – voll stiller Bewunderung über die charakterliche Größe ihres Gatten – das Heim zum Einkaufen verlassen hat, hängt der sich ans Telefon und ordert für die nächsten drei Wochen morgens um halbzehn einen Trainer. Außerdem überzieht er sein Konto durch den Kauf eines sündhaft teuren Schlägers, zwei Hemdchen (Stückpreis 120 Mark), einem Höschen und den leichtesten Schuhen, die auf dem Markt sind.

Obgleich die zwanzig Tage bis zum Ereignis sicherlich voller interessanter Einzelheiten sind, die anderen Neo-Prominenten in ähnlichen Situationen vielleicht helfen könnten, möchte ich davon Abstand nehmen, sie hier alle zu berichten. Nur so viel: Ich habe während dieser Zeit keine Zeile schreiben können, was mein Einkommen beträchtlich schmälerte – das Verhältnis mit der weiter oben erwähnten Hausgenossin war einigen gefährlichen Spannungen ausgesetzt – eine einigermaßen vernünftige

Rückhand habe ich trotzdem nicht beigebracht bekommen – ich nahm zweihundert Gramm ab.

In der Nacht zuvor habe ich kaum ein Auge zugemacht. Das lag unter anderem auch daran, daß ich bis spät in die Nacht vor dem Fernseher hockte und die Sendung eines anderen promintenten Menschen verfolgte, der ebenfalls bei dem Turnier zugegen sein sollte. Meine Bewunderung über seine Nervenstärke schwand erst dahin, als ich erfuhr, daß es sich um die Wiederholung einer drei Jahre alten Show handelte.

Außerdem war er dann gar nicht da. Dafür war eine mollige Blondine gekommen, die sich als ehemaliger Kinderstar herausstellte, der aber seit der Pubertät nicht mehr an die Öffentlichkeit getreten war. Unter den Teilnehmern gab es noch eine Schlagersängerin, von der ich noch nie etwas hörte (was aber auch an meiner Aversion gegenüber Schlagersängerinnen liegen kann) – ein Sprecher der Regional-Nachrichten im Fernsehen, der sich aufführte, als ob das Wohl des Staates in seinen Händen läge – die geschiedene Gattin eines Schauspielers von der Landesbühne, die andauernd kicherte – ein leibhaftiger Polizeipräsident, der bei flüchtigem Hinsehen auch als Kirk Douglas durchging – drei abgetaktelte Fußballspieler, die alle bessere Zeiten gesehen hatten – ein Kreuzworträtselhersteller mit einem Rotzlöffel von Sohn, der laut brüllte: „Papi – die machst Du doch alle naß!" – ein Witzezeichner, der sich als solcher durch einen gewaltigen Bart zu erkennen gab – sowie noch eine Anzahl zum Teil recht ansehnlicher Miezen, die der Inhaber eines populären Night-Clubs mitgebracht hatte. Frank Sinatra war in der Tat nicht erschienen, Breschnjew auch nicht. Dafür gab es noch mich. Wobei ich zugeben muß, daß es mir nur schwer gelang, eine gewisse Frustration zu verbergen, als die Clubsekretärin meinen Namen falsch schrieb.

Tief im Herzen verfluchte ich die Stunde, in der ich mich in meiner Eitelkeit dazu hinreißen ließ, eine Zusage zu diesem Prominententurnier zu geben. Eine kleine Stimme in mir flüsterte: ‚Hau ab! Erkläre diesen Ochsen, Du seist verletzt! Oder Zahnschmerzen! Oder Filmbesprechungen!' Ich flüsterte zurück: ‚Du dummer Hund – warum hast Du Dich nicht früher gemeldet!?' Ich nahm an der Auslosung teil.

Prominententennisturniere finden in einem völlig bescheuerten System statt, das niemand begreift – selbst die Organisatoren nicht. In diesem Falle war es so, daß man irgendeinen Partner zugeteilt bekam – wenn man dann im schönsten Spielen war, ertönte ein Zeichen, und man mußte den Partner wieder wechseln. Wenn man den altrömischen Geschichtsschreibern Glauben schenken darf, haben die ihre Orgien auf ähnliche Art gefeiert; sie haben dabei allerdings nicht Tennis gespielt. Und für ihre Leistungen auch keine Punkte verteilt, wie hier.

Sieger

Als es mir gelang, mit der ewig kichernden Schauspielerin-Exgattin ein Spiel zu gewinnen (gegen die Schlagersängerin und den Kreuzworträtselhersteller), sprang sie mich vor Freude an, wie es Hunde von der Rasse der Deutschen Dogge bei der Begrüßung ihres Herrchens zu tun pflegen – ich war froh, die Kinder zu Hause gelassen zu haben. Die eine von den wirklich sehr ansehnlichen Miezen des populären Night-Club-Besitzers hatte offensichtlich noch nie einen Tennisschläger gesehen, was sie aber nicht daran hinderte, mir bei jedem Fehler böse Verwünschungen angedeihen zu lassen. Die Schlagersängerin, die irgendwann von der Gegnerin zur Partnerin wurde, war kurzsichtig – eine Tatsache, die sie in ihrem Beruf kaum hinderte, beim Tennisspiel aber nicht gerade zum Erfolg führt. Außerdem wäre noch zu erwähnen, daß der bärtige Witzezeichner mir einen Volley in die Weichteile hieb, worüber sich der Kirk Douglas-Polizeipräsident halb totlachte.
Wie es geschah, daß ich plötzlich das Finale erreichte, vermag ich nicht zu sagen. Ich möchte die Möglichkeit eines Rechenfehlers bei den Organisatoren nicht ausschließen. Als Gegner wurde mir einer der abgetakelten Fußballspieler zugeteilt – ein drahtiger Mensch mit einem unkonventionellen Slice. Ich möchte dazu nur sagen, daß wir vor den Augen von etwa fünfundvierzig Zuschauern spielten, die sich alle der Kick-Künste meines Konkurrenten mehr erinnerten als der vielen Buchstaben, die ich im Laufe meines Lebens in Worte zu ordnen versucht hatte. Es ist sehr schwer, gegen einen drahtigen Menschen mit unkonventionellem Slice zu gewinnen, wenn das Volk auf den Tribünen völlig auf seiner Seite ist. Ich wurde Zweiter. Ich weiß allerdings nicht, ob ich die Einladung zu Prominententennisturnieren in Zukunft weiterhin als gerechten Ausgleich für entgangene Wimbledonsiege und Literatur-Nobelpreise ansehen werde.

Alleinstehende oder Warum Tennisplätze sehr irdisch sind

Es ist mit Sicherheit weder als unseriös noch als unsittlich zu betrachten, wenn alleinstehende Menschen einen Tennisclub aufsuchen. Selbst wenn sie es ausschließlich aus dem Grunde tun, einen ebenfalls alleinstehenden Menschen zu finden, mit dem zusammen sie nach einiger Zeit meist zu dem Schluß kommen, daß es alleine auch nicht schlecht war, ist darin kaum etwas Unmoralisches zu sehen. Die in einem solchen Fall am meisten gestellte Frage lautet: „Kommen Sie öfter hierher?“
Man glaubt gar nicht, wie viele Antworten auf solch eine simple Frage möglich sind – niemand sagt darauf schlicht ja oder nein, was ja eigentlich ausreichend wäre. Die Erwiderung könnte etwa lauten: „Jaa – nein – wie meinen Sie das?“
Nun weiß man, daß sich die berühmtesten Rhetoriker darüber streiten, ob es richtig oder zumindest höflich ist, eine Frage mit einer Gegenfrage zu beantworten – in jedem Falle ist es nützlich, weil dadurch eine Fortsetzung der Unterhaltung gewährleistet erscheint. Der Erstfrager wird in unserem Falle erklären: „Das ist ja, was ich sagen will – ich habe Sie bisher hier noch nie gesehen!“
Wie der geneigte Leser unschwer erkennen wird, ist bisher noch nicht gesagt worden, welcher Part dem Herren und welcher der Dame zufällt. Dieser Verzicht geschieht absichtlich, da in unseren Zeiten sowohl der Beginn wie auch die Fortsetzung eines solchen Gesprächs beiden Geschlechtern überlassen bleibt. Männer, denen der Verlust dieser einzigen Initiative bedauerlich erscheint, werden hier wahrscheinlich die Stirn runzeln. Es wird ihnen nichts nützen.
Um auf unser Beispiel zurückzukommen: Die Bemerkung, den anderen hier noch nie gesehen zu haben, drückt Bedauern über ein bisher vergeudetes Leben aus und ruft deshalb scheue Freude hervor: „Ach ja?!“ Solcherart ermutigt wird der Gesprächsanknüpfer zur Sache kommen: „Haben Sie schon einen Partner fürs Mixed-Turnier!“ Darauf folgt: „Ich bin mit

jemand hergekommen – aber die Person hat wohl bereits jemand anders gefunden!"
Diese Bemerkung ist nichts weiter als der Versuch, Zeit zu gewinnen. Bevor man sich einem stockfremden Menschen zur gemeinsamen Freizeitgestaltung hingibt, muß man flink herausfinden, welchen Schläger er benutzt, ob er auch einen Vorrat an Bällen mitgebracht hat, von welcher Marke das Hemd ist – und schließlich, ob die Schuhe zwar gepflegt sind, aber doch den Grad von Benutztheit besitzen, der einen ordentlichen Aufschlag verrät.
Der Gesprächsanknüpfer, der diese Beobachtungen selbstverständlich bereits machte, bevor er die erste Frage stellte, muß nun handeln. Er wird rasch sagen: „Okey – es bleibt also dabei, spielen wir zusammmen!" Derartiges verspricht Entschlußfreudigkeit – eine Eigenschaft, die man bei der Ausübung dieses Spiels gar nicht hoch genug loben kann. In den meisten Fällen ist es so, daß sich beide auf den Weg zum Maitre de Plaisir dieser Veranstaltung machen, der sie in eine Tafel einträgt. Bei dieser Gelegenheit kommt man endlich auch dazu, die gegenseitigen Namen zu erfahren. Damit beginnen Verbindungen, an deren Folgen die Beteiligten niemals denken.
Zunächst aber sind wir noch nicht so weit. Ein Mixed-Paar, welches sich eben kennenlernte, verspricht sogar gewisse sportliche Erfolge, da es ihm noch an der Intimität gebricht. (Erst, wenn man jahrelang ein Badezimmer geteilt hat, erlischt jene gegenseitige Achtung, die als unabdingbare Voraussetzung für gemischte Doppel zu gelten hat.)
Die beiden werden sich also einen etwas abgelegenen Platz suchen, auf dem sie ein Weilchen Bälle schlagen. Falls es sich hier herausstellen sollte, daß die Harmonie andauert, wird der Wortführer von beiden wieder jenen Maitre heimsuchen und fragen, ob man denn nun endlich einen Gegner hat. Alles weitere spielt sich dann bis nach dem Matchball in Bahnen ab, die allgemein geläufig sind für den Betrieb eines Mixed-Turniers. Relativ oft kommt es vor, daß der männliche Part sich großherzig bereit erklärt, alle Volleys am Netz und die notwendigen Schmetterbälle zu erledigen – „Ich überlasse Ihnen die Gelegenheit, Ihre Grundschläge einzusetzen!" Wenn alles gut geht, nimmt das Verhängnis seinen Lauf: Die beiden werden die Anlage gemeinsam verlassen und auf dem Parkplatz womöglich ihre Telefonnummern austauschen. Obgleich es oft angeregt wurde, sind Platzwarte in Tennisclubs immer noch nicht befugt, Trauungen auf Tennisplätzen vorzunehmen. Hier unterscheiden sich übrigens die sonst ähnlich gelagerten Befugnisse zwischen Platzwarten und Kapitänen von seetüchtigen Schiffen.
Selbstverständlich ist das angeführte, komplikationslose Beispiel in seiner Schlichtheit nicht als exemplarisch zu betrachten, sondern lediglich ein

Modellfall. Im täglichen Leben eines Partnerschaft suchenden Tennis-Singles ergeben sich weit mehr verwirrende Situationen, als man gemeinhin zu glauben imstande ist. So kann es zu empörten Reaktionen kommen, wenn etwa der Herr seiner Dame vorschlägt, es mit der australischen Position zu versuchen – nicht jede Dame versteht darunter eine taktische Variante des Tennisspiels. Genauso desillusionierend kann eine Dame auf einen sensiblen Herrn wirken, die er gerade eben noch in duftigem Zivil ansprach – die jetzt aber in handgestrickten Socken, derben Bermudas und einem Stirnband aus der Umkleidekabine marschiert kommt, welches ihr das Aussehen von Winnetous Großmutter verleiht. Derartige Damen verfügen sehr oft über ein gewaltiges Pfund in der Vorhand, essen meistens Salat und Steak, und schlagen einem vor dem nächsten Wochenende ungefähr zehn ernsthafte Trainingsstunden vor. Wobei man allerdings erwähnen sollte, daß der Prozentsatz an Männern, die derartige Initiativen als angenehm empfinden, gar nicht so gering ist.

Die Belauschung von Unterhaltungen unter weiblichen und männlichen Singles, die zwecks Findung eines Partners in einen Tennisclub kommen, ist zwar nicht unbedingt die feine Art – sie vermag allerdings vieles zu enträtseln, was vorher unbegreiflich erscheint. Wenn beispielsweise die attraktive Club-Göttin gefragt wird, warum sie ausgerechnet mit jener mickerigen grauen Maus zusammen spiele, welche nach jedem Ballwechsel einem Kollaps nahe sei – und wenn jene Göttin dann leichthin sagt, daß der Schläger der grauen Maus vielversprechende neunhundertachtzig Mark (ohne Bespannung) kostet, so beweist sie damit nicht nur Realitätssinn, sondern auch großartige Beobachtungsgabe.

Oder wenn andererseits ein Mann darauf angesprochen wird, warum er sich von jenem weiblichen Wesen trennte, das die weitaus exakteste Rückhand weit und breit schlägt – und wenn dieser dann antwortet, daß er nichts gegen die Rückhand habe, aber der Arm der Dame inzwischen Formen annahm, wie man sie seit Ken Rosewall nicht mehr sah – dann kann man diesem Mann einen Sinn für Ästhetik nicht absprechen. Hinzuzufügen bliebe in diesem Falle, daß Ästhetik lediglich für den Clubbetrieb zu gelten hat – schon bei der Kreismeisterschaft sollte man sie besser vergessen.

Man sollte dieses Kapitel nicht abschließen, ohne darauf hinzuweisen, daß die Länge einer Bekanntschaft zweier ehemaliger Singles auf dem Tennisplatz während eines Mixed-Matches auch für den völlig Außenstehenden sehr leicht abzulesen ist. Anleitungen erübrigen sich da. Dem Volksmund, dem sonst mit sehr viel Skepsis zu begegnen ist, muß man hier recht geben, wenn es heißt, Ehen würden im Himmel geschlossen. Tennisplätze sind keineswegs himmlisch, sondern im Gegenteil der Inbegriff alles Irdischen.

Fernsehen
oder
Vilas und die Muppett-Show

Ich gebe es zu, ein Fernseh-Fan zu sein. Derartiges soll man nicht so gering schätzen, denn weitaus die meisten Menschen sind der Meinung, daß sie überhaupt nicht fernsehen. Oder nur ganz selten, und dann auch nur die Nachrichten. Ich frage mich, wozu sie denn ein teures Gerät da stehen haben, aber zur Antwort erhalte ich nur verächtliche Blicke. Weil man das, was ich gerne tue, einfach nicht gern tut. Das ist genauso mit Fußball: Ich sage, ich bin ein Fußball-Fan und gehe mir nach Möglichkeit jedes Spiel anschauen – und nachher rase ich nach Hause, um wenigstens die Tore noch einmal im Fernsehen zu sehen. Im Stadion haben sie nämlich keine Wiederholungen der Tore, was ich als echtes Manko empfinde. Aber Fernseh-Fans, die dazuhin auch noch Fußball-Fans sind, genießen kein hohes gesellschaftliches Ansehen.

Es ist durchaus nicht so, daß ich nur Fußball sehe – ich sehe alles über Sport und dazu auch noch alles andere. Es gibt vor allem Samstage, an denen ich nachmittags anfange und dann erst spät nach Mitternacht mit dem letzten Krimi aufhöre. Ich weiß alles über die Kriege dieser Welt, über eine ekelhafte Familie aus einer Stadt namens Dallas, über die Glanzstunden unserer unwahrscheinlich gescheiten Showmaster, über das Wetter von morgen, über die Energiekrise, über die letzten Demonstrationen und auch über Popkonzerte. Und natürlich alle Krimis – ich schaue mir auch die dritte Wiederholung an, was mir bei der Frau des Hauses Verachtung einträgt. Die Kinder getrauen sich nicht, ihre Gefühle so offen zu zeigen, weil sie wirtschaftlich von mir abhängig sind. Das ist die Frau zwar auch, aber sie hat mir ihre Jugend geopfert und kennt alle einschlägigen Gerichtsurteile über Eheverträge und daß ihr eigentlich die Hälfte zuzuschreiben ist. Ich wehre mich nicht mehr dagegen, weil es eh' nix ändert.

Manchmal sehe ich Tennis, dann habe ich eine gute Erklärung: Ich sage, es muß sein aus beruflichen Gründen. Dann sagt sie, sie wolle gerne sehen, wozu das gut sei und wo ich denn schreiben würde über das, was ich da sehe. Manchmal sagt sie zuerst gar nichts, aber wenn dann Connors oder Borg oder McEnroe Matchball hat, erklärt sie plötzlich, daß sie nächste

Woche Mittwoch nach Verona fährt, weil sie dort Aida geben. Kein Mensch kann sich auf den Matchball von Borg oder Connors oder McEnroe konzentrieren, wenn ihm die Frau sagt, sie fahre nach Verona zu Aida. Und zwar mit den Kindern. Und sie meine, sie müsse dann den Wagen haben – ich käme ja wohl ein paar Tage mit der U-Bahn aus, oder im Dorf mit dem Fahrrad.
Aber diese Widrigkeiten halten mich nicht davon ab, ein Fernseh-Fan zu sein. Im Grunde genommen habe ich auch nichts dagegen, wenn sie nach Verona zu Aida fahren – dann kann ich in aller Ruhe fernsehen. Oder Platten hören. Beispielsweise italienische Opernchöre – Aida.
Wenn also Tennis im Fernsehen ist, habe ich sehr gerne, daß da je nach Tages- oder Jahreszeit kühle oder heiße Getränke bereit stehen, auch Zigaretten, zu essen brauch' ich höchstens einige Schnittchen. Nach einer Weile kommt die Frau des Hauses hinein und sagt, der Rasen müsse gemäht werden. Oder die Garage streichen. Oder irgend etwas am Komposthaufen. Ich sage dann, daß Tennis im Fernsehen kommt – ich müßte aus beruflichen Gründen ... Sie wirft einen Blick auf die Scheibe und sagt, daß das aber die Muppett-Show ist. Ich sage, daß gleich danach Tennis anfängt. Und zwar ein wichtiges Turnier in New York oder Kitzbühel oder Rom. Dann fängt sie an, den Staubsauger in Betrieb zu setzen, was etwas ist, was ich auf den Tod nicht ausstehen kann. Ich bin dann mucksch und schaue die Muppett-Show. Draußen erzählt sie den Kindern, daß der Vater sich darüber freuen würde, wenn sie jetzt im Zimmer mit dem Fernseher Fußball spielen oder der Katze eine Zecke entfernen oder auch nur stehen und ganz laut schreien. Zumindest glaube ich, daß sie das sagt, denn die Kinder tun genau das – sie tun immer, was ihnen ihre Mutter aufträgt. Einmal kam ein ganz spannendes Endspiel zwischen Vilas (der die Sache mit der Prinzessin hatte) und Wilander (der weiter nichts als nur siebzehn war). Ich glaube, es kam aus Paris. Ich saß da, die beiden hatten schon begonnen. Sie sagte, was ich da mache – ich sagte, ich rekreiere. Sie sagte, wovon ich rekreiere – ich sagte, von der Arbeit einer langen Woche. Sie sagte, daß sie den Eindruck habe, ich rekreiere von einer Woche voller Rekreierung. Ich sagte, daß an meiner Lieblingsjacke immer noch ein Knopf ab ist. Da ging sie – sie hatte sogar den Staubsauger vergessen. Draußen sagte sie den Kindern, daß der Papi rekreiert – worauf sie beide hineinkamen und mich anstaunten, was ebenfalls störend ist. Ich sagte, warum sie so blöd glotzen, aber sie sagten nichts, sondern rannten hinaus und schrien, daß der Papi gar nicht krepiert, sondern nur faulenzt. Eine derartige Ausdrucksweise dem Vater gegenüber haben sie nicht von mir.
Gottseidank haben wir seit einiger Zeit einen Videorecorder, der ein sehr nützliches Instrument ist. Man kann zum Beispiel das Fußballspiel am

Mittwochabend sehen und anschließend noch den Krimi, der zur gleichen Zeit auf dem anderen Kanal läuft. Es ist nämlich immer so, daß nach Wochen der Langeweile im Fernsehen zwei Sachen gleichzeitig laufen, die man als Fernseh-Fan unbedingt sehen muß. Das nennen sie beim Fernsehen Koordinierung, und dafür haben sie eine eigene Abteilung mit sehr vielen pensionsberechtigten Planstellen.

Da der Nachmittag, an dem Wilander gegen Vilas übertragen wurde, sowieso nicht mehr besonders rekreativ zu werden versprach, nahm ich das Match im Videorecorder auf. Ich nahm die größte Kassette, da es lang zu werden versprach, drückte die entsprechenden Knöpfe und beschloß, es mir am Abend in aller Ruhe anzuschauen. Nach drei der vier Stunden (ich hatte den Rasen gemäht und auch den Komposthaufen in Ordnung gebracht) rief ein wirklich sehr guter Freund an und fragte, ob ich Wilander gegen Vilas gesehen habe. Ein tolles Match, sagte er, und was ich von Matchball halte. Ich legte auf und dann den Hörer neben den Apparat, weil ich mir die Spannung nicht nehmen lassen wollte. Die Frau des Hauses, die aus gewesen war, um mit Freundinnen den Tod eines bekannten Filmschauspielers zu besprechen, den sie als Statistin einmal sehr nett fand, fand den Hörer neben dem Apparat liegend und sagte, das sei verboten. Ich sagte, daß ich am Abend Vilas gegen Wilander sehen wollte – sie sagte, sie wisse das Ergebnis und außerdem sei am Abend die vierzehnte Folge einer sehr dramatischen Familiengeschichte.

Obgleich ich wirklich alles sehe, was im Fernsehen kommt, muß ich zugeben, daß dramatische Familiengeschichten in meiner Gunst ganz weit hinten stehen. Auf jeden Fall weit hinter Endspielen zwischen Vilas und Wilander. Sie sagte, daß sie mir nicht nur den Sieger sagen werde, sondern auch den Verlauf der einzelnen Sätze, wenn ich mich unterstehen würde, etwas anderes anzuschauen als diese dramatische Familiengeschichte, vierzehnte Folge. Ich steckte mir die Zeigefinger beider Hände in die entsprechenden Ohren und flüchtete. Ich weiß nicht mehr genau, was ich tat – wahrscheinlich habe ich die Garage ausgemessen wegen eines notwendigen neuen Anstrichs. Außerdem kann man durch die Erfindung des Videorecorders ein Tennismatch noch Tage danach anschauen, im Zweifelsfall sogar nachts, obgleich ich immer für einen geregelten Schlaf plädiere.

Am nächsten Nachmittag gab es keine dramatische Familiengeschichte (vierzehnte Folge) im Fernsehen, und die Frau des Hauses rekreierte von einer langen Woche aufopfernder Arbeit auf der Liege im Garten. Die Sonne schien. Sie wollte offensichtlich noch mehr Sonnenbräune gewinnen, obgleich sie sich bei der aufopfernden Arbeit schon eine Hautfarbe geholt hatte, die gewisse Zweifel an ihrer rassischen Abstammung offen ließen.

Ich saß da, schwer arbeitend und sah Wilander gegen Vilas. Die Kinder kamen herein nd sagten sinnvollerweise: „Oh Tennis – wer hat gewonnen?"
Ich sagte wahrheitsemäß: „Ich weiß es nicht – deswegen schaue ich es mir ja an!"
Das eine Kind: „Ich weiß das Ergebnis – Mama hat es mir erzählt – willst Du es wissen!"
Ich sagte: „Wenn Du nicht gleich den Mund hältst, passiert etwas Schreckliches!"
Das andere Kind: „Ich finde das Flickzeug für das Fahrrad nicht – ich muß aber unbedingt mit dem Fahrrad weg – weißt Du, wo das Flickzeug ist?"
Ich sagte: „Ich weiß nicht, wo das Flickzeug ist!"
Das eine Kind, weinerlich: „Ich habe das Ergebnis ja auch schon längst vergessen!"
Das andere Kind: „Ich muß aber unbedingt das Flickzeug haben!"!
Ich sagte: „Geht endlich vor dem Bildschirm weg. Ich möchte mir Vilas gegen Wilander ansehen!"
Das andere Kind: „Tennis ist doch blöd und langweilig. Das Flickzeug lag gestern noch in der Schublade mit dem Weihnachtspapier!"
Ich sagte: „Es ist Pfingsten – was willst Du mit dem Weihnachtspapier?"
Das andere Kind: „Ich will ja auch gar nicht das Weihnachtspapier, sondern das Flickzeug für das Fahrrad!"
Das eine Kind, boshaft: „Der Name des Siegers fängt mit ‚Wila' an – oder mit ‚Vila', was sich genauso ausspricht. Das weiß ich ganz sicher!"
Ich stand auf und suchte das Flickzeug für's Fahrrad, welches sich in der Schublade mit Klebstoff, Korkenziehern, Radieschensamen und Bindfaden für alle Gelegenheiten fand – also dort, wo es hingehört. Ich beschloß, Vilas gegen Wilander später zu sehen.
Das eine Kind: „Wie funktioniert ein Videorecorder?"
Ich sagte: „Man schaltet den entsprechenden Kanal ein, dann die zwei Knöpfe und dann läuft's, und man kann's später anschauen!"
Das eine Kind: „Ich will jetzt aber das feuerrote Spielmobil sehen!" Ich stellte das feuerrote Spielmobil ein und ging endgültig.
Am nächsten Abend lagen die Kinder im Bett, und die Frau des Hauses las ein gutes Buch in der Ecke unter der Stehlampe, was – wie man weiß – sehr dekorativ aussieht. Im Fernsehen waren weder weitere Folgen einer dramatischen Familiengeschichte, noch die Muppett-Show noch das feuerrote Spielmobil. Nichts stand dem ungestörten Genuß des wichtigen Matches Wilander gegen Vilas entgegen.
Wie sich aus der Historie des Tennisspiels (ich glaube, es war in Paris) unschwer nachlesen läßt, war es ein außerordentlich wechselvolles und

spannendes Spiel mit sehr langen Ballwechseln. Da es sich aber um eine Kassette mit vielstündigem Aufnahmevermögen handelte, machte ich mir keine Sorgen. Vilas gewann den ersten Satz sehr klar, Wilander den zweiten. Ich stoppte einige Male das Band, um nach dem Punkt die Zahl der Ballwechsel zu kontrollieren – ich glaube, einmal kam ich bis auf vierundachtzig. Das ist zwar nicht besonders spannend, aber wenn man nicht nur ein Fernseh-Fan ist, sondern auch aus rein beruflichem Interesse gezwungen wird, ein solches Endspiel zu betrachten, muß man das schon auf sich nehmen. Als Vilas und Wilander zu Beginn des fünften Satzes wieder auf den Platz gingen, sang Miss Piggy aus der Muppett-Show plötzlich ein schreckliches Lied.

Ich schrie: „Sie haben das Finale mit Vilas und Wilander gelöscht – sie haben die Muppett-Show darauf – es ist verloren für alle Zeiten! Verloren – ausgerechnet den fünften, den entscheidenden Satz!“ Die Frau des Hauses, die da unter der Stehlampe sehr dekorativ ein sicherlich wertvolles Buch las, sagte: „Vilas hat auch verloren!“ Ich vergrub mein Haupt verzweifelt in den Händen: „Verloren, verloren!“ Sie sagte: „Du hast es ihnen doch selber gezeigt, wie man den Videorecorder bedient – der Schwede hat gewonnen – ich glaube zum achten Mal!“ Ich schüttelte nur den Kopf – warum sollte ich noch berichtigen? Sie sagte: „Ich gehe ins Bett – kommst Du mit?“ Ich sagte: „Nein – ich schaue mir jetzt die Muppett-Show an!“ Ich bin nämlich ein richtiger Fernseh-Fan und geniere mich auch nicht, das offen zuzugeben. Sie ging.

Verhältnisse oder Zwischen Frau Zedermeier und Frau Lockmann

Dieses ist ein Kapitel, welches nur solchen Männern geläufig ist, die in sogenannten unregelmäßigen Verhältnissen leben. Mit dieser Unregelmäßigkeit ist aber keineswegs eine gewisse Liederlichkeit gemeint, sondern vor allem der freie Vormittag. Weitaus die meisten Männer haben den Vorteil, morgens in ein stilles Büro oder sonst an einen Arbeitsplatz zu gehen, der ihnen die Ausgeglichenheit beschert, die nur aus einem geregelten Einkommen sprießt. Und aus dem Losgelöstsein von den Sorgen einer lieben Gattin oder auch Kindern, die meistens Masern haben oder mit dem Taschengeld nicht zurechtkommen oder in Mathe eine Fünf.
Neben solch beneidenswerten Männern gibt es noch andere, die vormittags frei haben. Das sind beispielsweise Schauspieler, Nachtwächter, Schriftsteller, Schichtarbeiter, Musiker, Kellner in Nachtlokalen oder sonstige Rekonvaleszenten. Solche Menschen werden sehr oft beneidet, weil es heißt, sie würden sowieso nicht arbeiten, weil man es ja nie sieht. Dieser Neid geht von völlig falschen Voraussetzungen aus. Im Gegenteil: Es sind bedauernswerte Geschöpfe – ich weiß, wovon ich spreche.
Jeder Tennisclub verträgt normalerweise zwischen eins bis drei Exemplaren von Männern, die es sich zeitlich einrichten können, an Wochentagen morgens und auch noch nachmittags Tennis zu spielen. Diese tapferen Männer sollte man loben, weil sie es sind, die dafür sorgen, daß die Damen etwas haben, worüber sie sprechen können. Außerdem stehen sie immer als liebenswürdige Trainingspartner und Mixed-Gesellen zur Verfügung – dabei ruinieren sie ihre eigene Vorhand, vom Aufschlag gar nicht zu reden.
Wie man weiß, dränen sich Frauen inzwischen in alle Sportarten. Sie betreiben den Marathonlauf, es hat schon Boxkämpfe gegeben, und wahrscheinlich sieht man sie bald auch beim Stabhochsprung und beim Gewichtheben. Frauen können das auch alles. Nur beim Trikotwechsel, wie es die Fußballspieler zum Zeichen der Freundschaft immer tun (nachdem sie sich eineinhalb Stunden lang die Knochen polierten), üben sie

noch eine gewisse Zurückhaltung. Das könnte zwar hygienische Gründe haben (ich halte das nämlich für eine Sauerei), aber ich glaube, daß die Damen derartige Bedenken ebenfalls bald über Bord werfen.

Einem Manne also, der morgens in seinen Club fährt, um dort einen anderen Mann zu treffen, mit dem es sich lohnt, einige Bälle zu kloppen oder gar einen Satz zu spielen, kann es durchaus passieren, daß dort nur Frau Zedermeier herumsitzt. Nichts gegen Frau Zedermeier, aber der Umstand, daß sie ein weibliches Wesen ist, stellt sofort die Frage, wie man sich da zu verhalten hat: Benimmt man sich als Kavalier – oder als Kumpel?

Auf Grund jahrelanger Erfahrung habe ich mich zu einer gewissen Zwiespältigkeit der Persönlichkeit entschlossen. Solange wir nebeneinander auf der Terrasse sitzen und warten, ob vielleicht doch noch eine gleichgeschlechtliche Paarung möglich wird, bin ich Frau Zedermeier gegenüber von ausgesuchter Höflichkeit, ich bin zuvorkommend, rücke ihr den Sonnenschirm und den Stuhl, manchmal übernehme ich sogar die Rechnung für das Cola. Wenn aber niemand kommt, so daß wir uns nach einer gewissen Zeit entscheiden, es miteinander zu versuchen, ändert sich mein Verhalten schlagartig: In dem Moment, in dem wir den Platz betreten, ist sie für mich nur jemand, der auf der anderen Seite des Netzes steht und versucht, mich zu vernichten. Und bevor ihr das gelingt, versuche ich es lieber selber mit ihr. Ich dresche ihr Volleys am liebsten auf den Leib, schummele bei strittigen Bällen und denke gar nicht daran, meine frischen Bälle auszupacken, weil sie mir vorhin erzählt hat, sie habe selber welche dabei.

Frau Zedermeier ist insofern nicht das richtige Beispiel, weil sie über einen soliden Aufschlag verfügt, eine sichere Rückhand und ein gewaltiges Pfund in der Vorhand. Es fällt einem Manne meiner Statur sehr schwer, sie zu schlagen – um ehrlich zu sein, es ist mir noch nie gelungen. Wegen Frau Zedermeier habe ich schon oft mit der Überlegung gespielt, den Antrag einzubringen, daß Frauen sowieso bei Männern mitspielen sollen. Männerturniere sollten für jeden offen sein; dazu müßte es auch noch Frauenturniere geben, an denen auch Männer teilnehmen dürfen, die sich so fühlen oder eine entsprechende Operation an sich vornehmen ließen.

Ich schweife ein wenig ab, weil der Fall Zedermeier mich tatsächlich beschäftigte. Aber nehmen wir etwa Frau Lockmann: Von ihr weiß jeder im Club, daß sie es nie lernen wird. Dafür aber hat sie jenes gewisse Etwas, welches in einem Herrn in den mittleren Jahren schöne Erinnerungen wachruft. Ich habe noch nie erlebt, daß ihr das zarte Make up verrutscht – und selbst wenn sie den fünfunddreißigsten Schmetterball in die Geographie gedonnert hat, vermag sie mit einem seelenvollen Aufschlag der Augen

manche Mängel beim Aufschlag des Balles vergessen zu machen. Wenn man mit ihr eine terminierte Mixed-Ehe führt, vermag sie nach dem sechzehnten Doppelfehler an einem vorbeizustreichen und zu flüstern: „Es tut mir so leid – Du!“ Eine solche Vertraulichkeit versöhnt alles – es passiert sogar, daß man mit den Gedanken ganz woanders ist und selbst dumme Fehler begeht. Frau Lockmann, die einmal ein paar Monate verheiratet war und deshalb den Ruf genießt, eine interessante Frau zu sein, legt in solchen Fällen einem die Hand auf den Arm und flüstert: „Mach Dir nichts draus – es ist ja nur ein Spiel!“ Falls auf der anderen Seite des Netzes ein Mann steht, der ebenfalls gern mit Frau Lockmann ein Mixed bestreiten würde, kann das Intime dieser Bewegung durchaus dazu führen, daß nun der die Fehler macht. Das liegt daran, daß in jedem Manne, der Frau Lockmann auf dem Tennisplatz sieht, ganz tief im Inneren ein Hahn schreit: Kikeriki.
Natürlich führt das auch dazu, daß Frau Lockmann bei den Gattinnen jener Männer, mit denen sie gerade ein Mixed bestreitet, nicht besonders beliebt ist. Und eines ist ganz sicher: Man versaut sich mit ihr die Schläge, wenn sonst keiner da ist und man mit ihr gar allein ein paar Bälle schlägt. Sie sagt dann: „Bitte hab' Geduld mit mir!“ Darauf versucht jeder Mann, der auch nur die Spur eines Kavaliers in sich hat, ihr die Dinger so hinzusetzen, daß sie auch ja drankommt. Vielleicht ist Frau Lockmann deshalb auch nicht das richtige Exempel, wenn man erklären will, wie schwer es Männer haben, die an Wochentagen morgens und nachmittags Zeit haben, Tennis zu spielen.
Aber Frau Zedermeier und Frau Lockmann sind schon die beiden Pole, zwischen denen ein solcher Mann zu leben hat. Ich habe mir schon oft darüber Gedanken gemacht, wie gesagt. Manchmal habe ich mir überlegt, ob es nicht besser sei, in eine jener Gesellschaften auszuwandern, bei denen tennisspielende Frauen aus sittlichen und moralischen Gründen erst gar nicht zugelassen sind. In Indien oder Ägypten etwa, wo es Männer gibt, die dieses Spiel betreiben – aber ich kann mich nicht erinnern, in Wimbledon oder Paris jemals aufsehenerregende Ergebnisse von Frauen aus diesen Ländern erfahren zu haben.

Kaffee oder Früher war alles ganz anders

„Tennis ist ja auch nicht mehr, was es mal war. Was da heute schon manchmal für Leute rumlaufen! Also ich sagen Ihnen, das hat es bei uns früher nicht gegeben. Aber man braucht sich ja nicht zu wundern – wenn ich schon sehe, wie sie die Politik ... – aber lassen wir das. Ich erinnere mich noch ganz genau, wie das zu meiner Zeit war mit dem Wetter – ich sage, es muß da Zusammenhänge geben!
Nehmen Sie noch etwas Sahne zum Kaffee? Ja, bitte, danke ...
Wo war ich stehengeblieben? Finden Sie nicht auch, man sollte bei der Auswahl der Mitglieder wieder etwas strenger vorgehen? Ich will ja keine Namen nennen, aber finden Sie es richtig, daß man diesen Herrn – na, Sie wissen schon – daß man den bei uns einfach so aufgenommen hat? Nun gut, er soll ja Geld haben, aber das ist doch nicht alles. Womit hat er es eigentlich gemacht – da habe ich Sachen gehört, Sachen, sage ich Ihnen! Und soll ich Ihnen sagen, woran es liegt?
Den Obstkuchen kann ich Ihnen empfehlen – noch etwas Kaffee ...?
Ich sage Ihnen, es liegt am Verfall der Sitten, und da bleibe ich auch dabei, und da kann mir einer sonst noch was erzählen – es sind die Sitten, und das stehe ich auch dazu. Da kommt der junge Herr – na, Sie wissen schon – da kommt der doch in den Club und hat dieses Mädchen dabei, von dem doch jeder weiß – na, Sie wissen schon – sie soll ja geschieden sein, oder zumindest getrennt leben, und da kommt sie doch tatsächlich ins Clubhaus und setzt sich ganz ungeniert hin, also wie die schon die Beine übereinanderschlägt – da sehe ich doch sofort, so setzt sich keine Dame! Soo nicht! Und dieser junge Mann scharwenzelt um sie herum, daß es eine wahre Schande ist – ich habe unserer Elfriede ja gesagt, sie soll ihn vergessen, diesen Scharlatan.
Nehmen Sie Zucker zum Kaffee – oder lieber Süßstoff, ja ich muß ja auch achtgeben wegen der Figur ...
Nein, habe ich zu unserer Elfriede gesagt, nein habe ich gesagt, der muß es ja nun wirklich nicht sein. Was kann er denn eigentlich außer Tennisspielen? Nichts geleistet im Leben, aber dann mit dieser Schickse aufkreuzen.

Ich will Ihnen sagen, wenn wir ihn nicht brauchen würden in der Mannschaft, wäre er längst draußen aus dem Club. Aber zu meiner Zeit hätte man darauf verzichtet – ich sage Ihnen, das Geld führt doch geradeswegs zur Unmoral. Der Volksmund sagt, es verdirbt den Charakter, und da ist auch etwas dran. Zu meiner Zeit war das einfach anders – wir wußten noch, wie hart Geld verdient werden muß ...
... ja, wir waren schon in Ferien, wir haben die Seychellen gemacht, ganz nett ...
... aber was ich noch sagen wollte: Das Schlimmste, was ich je erlebt habe vorigen Samstagnachmittag – kommt doch die Frau, wie heißt sie noch gleich – kommt sie also und geht auf den Platz in einer knallroten Bluse! Knallrot, sage ich Ihnen! Also ich hätte mit der keinen Ball geschlagen, so wie die aussah, denn ich meine immer noch, daß es sich hier um einen weißen Sport handelt, und da kann nicht jemand kommen in Knallrot, wo kämen wir denn dahin. Und keiner kann mich zwingen gegen jemand zu spielen, der in Knallrot ...
... ich glaube, ich nehme noch ein kleines Stückchen von der Schwarzwälderkirschtorte, ja ruhig mit Sahne, und dann bringen Sie doch noch ein Kännchen Kaffee ...
... knallrot sage ich Ihnen und besitzt auch noch die Frechheit, ausgerechnet mich zu fragen. Ich habe ja so getan, als ob ich sie gar nicht sehe – da muß man sich doch schämen! Eine solche Person wäre bei uns früher nicht einmal in die Nähe des Platzes gekommen, dann hätte Herr von Engelsheim, der damals unser Präsident war, also der hätte jemand hingeschickt und dieses unverschämte Weib darauf aufmerksam gemacht, die Anlage zu verlassen, und zwar unverzüglich. Und deshalb bin ich ja der Meinung, es hängt mit der Moral zusammen! Wenn man schon sieht, wie unverschämt diese Frau ihre rote Bluse ...
... ich vertrage ja eigentlich keine Süßigkeiten, aber diese Schwarzwälderkirschtorte ist wirklich ausgezeichnet ...
... wo war ich stehengeblieben? Ich bin natürlich sofort ins Club-Sekretariat und habe Herrn von Brausewein meinen Protest mitgeteilt. Wenn man solches nämlich erst einmal einreißen läßt, und vor allem auch wegen der Jugendlichen – ich bitte Sie, wenn das am grünen Holz geschieht. Und Herr von Brausewein ist dann auch zu ihr gegangen und hat ihr wohl die Meinung gesagt, aber was glauben Sie, was diese Person tut? Nichts tut sie – überhaupt nichts! Zuckt mit den Achseln und spielt einfach weiter – und das in der knallroten Bluse! Ich glaube, sie hatte nicht einmal einen Beehaa drunter – schamlos, sage ich Ihnen ...
... der Arzt hat ja auch gesagt, wegen meiner Galle sollte ich nicht mehr, und ich halte mich ja auch zurück ...

… und deshalb sage ich ja immer wieder, Tennis ist auch nicht mehr das, was es früher einmal war. Und das Grundübel ist die Sitte und die Moral – und was bei uns für Mitglieder aufgenommen werden! Katastrophal, sage ich Ihnen. Nur ein Wort – katastrophal!
Nehmen Sie nochmal Kaffee?“

Jet Set
oder
Barbra ist am Telefon

Dieser Tage rief Liz Taylor an. Wir plauderten ein wenig, und sie erzählte mir, wie das war mit Richard Burton. Schließlich meinte Liz, ob ich nicht Lust hätte, einmal für eine Partie hinüberzukommen – sie sei in London, das wären doch nur zwei Stunden Flug. Oder noch besser: Sie sei nächstes Wochenende in Monte – da hätten wir sicherlich viel Spaß miteinander. Sean sei auch da. Ich fragte, welcher Sean – sie sagte, Connery. Ich sagte: „Oh yes – 007!"

Ich flog Freitagabend nach Monte. Die Fürstin hatte einen Wagen geschickt – Liz hatte das arrangiert. Oder Sean. Der Fahrer setzte mich im Loews ab und sagte, daß die anderen auch da wohnen. Und er würde mich am nächsten Morgen um halbneun abholen. Zu einer Partie mit der Fürstin. Ich ging noch ein bißchen in den Spielsaal, aber nur Touristen.

Der Fahrer kam tatsächlich um halbneun – schöne große Limousine, ist ja klar. Ich nahm meine Sachen und stieg ein. Liz war nicht da, sie hatte abtelefoniert, mußte schnell nach L.A. wegen einer Rolle. Aber die Fürstin nebst Prinzessintochter. Und Sean. Sean sagte, wo der Umkleideraum ist, sehr nett.

Ich sah im Spiegel eigentlich sehr proper aus. Als ich rauskam, sagten alle Hello. Das heißt, es waren nur die Prinzessin und Sean, die Fürstin würde gleich kommen – wir sollten schon ein paar Bälle schlagen. Sean hat'n gewaltiges Pfund in der Vorhand, während die Prinzessin kleine pikante Schreie ausstößt. Als die Fürstin kam, sagte sie auch Hello. Und: „Du willst doch nicht tatsächlich in diesen Schuhen spielen?" Ich schaute die Schuhe an und sagte: „Höre einmal zu, Grace, ich komme aus dem Flugzeug – gestern rief Liz an – muß die alten Schuhe erwischt haben beim schnellen Packen!" Sie sagte: „Du packst Deinen Koffer neuerdings selber?" Ich sagte „Albert hatte seinen freien Tag!" Sie sagte nichts.

Ich setzte beim Einschlagen eine Vorhand ins Netz. Die Prinzessin sagte: „Oh Gott, ich denke wir wollten Tennis spielen!" Ich meinte, es könnte ja mal passieren. Grace erklärte, es sei sinnvoller, den Ball übers Netz zu schlagen. Sean sagte nichts, er spielte drüben mit der Fürstin – ich hier mit

der Prinzessin. Nach fünf Minuten sagte die Fürstin: „Fangen wir an!" Und: „Am besten ist, ich schlage auf!"
Sie schlug auf, und ich antwortete mit einem sauberen Lob, sehr hoch, genau aus der Sonne und fünf Zentimeter vor die Grundlinie. Grace rührte keinen Muskel, sah verteufelt gut aus auf die Entfernung. Sean sammelte den Ball auf, die Prinzessin blickte mich an – ich schaute, ob vielleicht ein Knopf offen. Grace schnarrte: „Wenn Du anfängst Lobs zu schlagen, können wir gleich aufhören. Das hat doch mit Tennis nichts zu tun!" Ich sage, es ist okey, und ich werde keine Lobs mehr schlagen.
Den nächsten Aufschlag returniert die Prinzessin knapp ins Aus – dann kommt es zu einem kleinen Ballwechsel, ich am Netz, Volley, prima, lang, flach, hart, allerbeste Klasse, genau in die Ecke, Sean hat keine Chance. Grace sagt: „Aus!" Ich sage: „Bitte?" Grace sagt: „Bist Du taub und blind? War doch klar im Aus!" Sie wendet sich an Sean: „Oder?" Sean sagt: „Ganz klar!" Die Prinzessin sagt nichts, sondern bedenkt mich mit einem kurzen Blick. Ich sage, ich hätte mich wohl getäuscht. Dann haut die Prinzessin den nächsten Aufschlag der Fürstin einen guten Meter ins Aus. Beim Seitenwechsel ziehe ich den Bauch ein, weil Grace sagt, sie kann keine fetten Männer leiden, die zudem noch schmutzige Schuhe tragen. Ich versuche die Schuhe heimlich an den Socken zu putzen, aber das führt nur dazu, daß jetzt auch die Socken schmutzig sind. Eigentlich müßte ich jetzt aufschlagen, aber die Prinzessin sagt, sie sei dran. Ich stehe vorne und spüre den Schmerz in der Nierengegend, als sie mir das Ding dort hinsetzt. Sie sagt: „Sorry!" Die Fürstin sagt: „War doch wohl nicht so schlimm, oder?" Ich sage, ich hätte ja aufpassen müssen.
Sean, der vorhin so ein gewaltiges Pfund in der Vorhand hatte, äppelt das runde Ding jetzt zurück, als sei es ein rohes Ei. Nur damit die Prinzessin auch ja einen schönen Ball schlagen kann – hat sich was mit Nullnullsieben.
Bei 3:0 für die anderen hätten wir fast ein Spiel gewonnen: Ich stehe am Netz, die Fürstin drischt drauf, mir den Ball genau zwischen die Augen. Die Fürstin sagt: „Einstand!" Ich bin Brillenträger. Jeder Brillenträger sieht blöd aus, wenn er herumtastet und seine Gläser sucht. Grace sagt, es tut ihr leid – ich sage, es sei mein Fehler, hätte ja nur den Schläger hochzunehmen brauchen. Grace sagt: „Okey – also Einstand!" Die Prinzessin bringt mir die Brille, stabiles Fabrikat, nur verbogen.
Bei 5:0 kommt ein Herr in dunklem Anzug mit einem Telefon auf dem Tablett – steckt den Stecker unten in die Bank neben dem Platz, wo der Steckkontakt ist. Die Fürstin geht hin und sagt Hello. Hört ein Weilchen – sagt, das sei aber nett. Dann winkt sie mir – sagt: „Für Dich!" Ich sage Hello, klemme den Hörer zwischen Schulter und Ohr, biege an der Brille

herum – die anderen drei spielen weiter. Ich sage nochmals Hello. Ich höre: „Hello – hier ist Barbra: Wie geht's Dir?" Ich sage: „Gut geht's – welche Barbra?" Ich höre: „Barbra Streisand – Du Trottel, hast Du mich vergessen?" Ich sage: „Hello Barbra, wie geht's?" Ich höre: „Ich bin ein paar Tage in Acapulco – hast Du keine Lust, herüberzukommen? Dean will Dich gerne wiedersehen!" Ich sage: „Welcher Dean?" Ich höre: „Martin, natürlich! Es geht ihm wieder besser!" Ich sage: „Vielleicht, mal sehen!" Ich höre: „Wir könnten vielleicht tauchen – tiefseefischen – segeln!" Ich sage: „Fein!" Ich höre: „Also dann bis Donnerstag!" Knacks. Der Herr im dunklen Anzug trägt das Telefon auf dem Tablett wieder davon.

Bei 6:0/1:0 schlage ich auf, und ich gewinne zusammen mit der Prinzessin ein Spiel. Grace meint, ich würde es schon noch lernen. Dann spielt sie einen Netzroller und sagt: „Great Shot!" Die Prinzessin mit den pikanten Schreien (nur beim Aufschlag und bei der Vorhand – bei der Rückhand nie) verfehlt beim Aufschlag meinen Hinterkopf nur knapp. Dann muß sie zum Friseur. Die Fürstin will auch nicht mehr. Und Sean meint, wir könnten ja noch ein bißchen weitermachen, aber ich habe auch keine Lust mehr.

Nehme den nächsten Flieger heim. Schade, daß Liz nicht da war – spielt nicht, ist aber ein lustiges Haus. Glaube nicht, daß ich nach Acapulco. Barbra sucht immer nur jemand, der mit ihr Barrakudas fischen geht. Soll sich jemand anders suchen.

Trainings-Fan
oder
Warum Herr Ferz ungeschlagen ist

Herr Ferz ist in der Tat eine seltsame Krucke: Ein drahtiger Mittfünfziger, Witwer mit zwei erwachsenen Kindern, von betulicher Kameraderie, wie man sie bei Einzelgängern oft erleben kann – abends höchstens ein Bier, und das auch nur, weil er dann besser schläft. Aber das Seltsame an Herrn Ferz liegt in der Tatsache, daß er noch nie ein Match verlor. Die sich anbietende Schlußfolgerung, daß es sich um unseren Club-Champion handelt, ist falsch. Herr Ferz hat nämlich auch noch nie ein Match gewonnen. Aha – werden Sie sagen – der Kerl ist nur aus Einsamkeit im Club, aber er spielt gar nicht. Auch falsch: Herr Ferz schwingt den Schläger wahrscheinlich mehr als jeder andere bei uns.

Des Rätsels Lösung: Herr Ferz lehnt es ab, Wettkämpfe zu bestreiten – Herr Ferz ist ein leidenschaftlicher Trainierer. Darüber kann man wohl verschiedener Meinung sein: Was für einen Sinn hat es schon, einen dreiundachtzigprozentigen Aufschlag zu beherrschen, wenn man es nicht im Ernstfalle nachweisen kann? Was nutzt Herrn Ferz die wunderbar fließende Bewegung seiner Vorhand, wenn er damit keinen Gegner zu demoralisieren vermag? Seine Rückhand schiebt er zwar immer noch ein bißchen, aber sie ist jedenfalls besser als die vieler anderer. Herr Ferz ist schon manchmal angefleht worden, doch in der Seniorenmannschaft auszuhelfen – wenigstens im Doppel. Herr Ferz hat alle solche Ansinnen mit feinem Lächeln abgelehnt. Wenn die Plätze belegt sind, geht er alleine hinten an die Wand und kloppt dort stundenlang den Ball – niemand sonst findet so viel Gefallen an dieser stupiden Tätigkeit, die ungefähr so spannend ist, als würde ein Boxer sich damit begnügen, immer nur den Sandsack zu bearbeiten.

Einmal habe ich Herrn Ferz gefragt, warum es ihm ausreiche, immer nur gegen die Wand zu kloppen. Er hat gelächelt und gemeint, daß die Wand der ideale Partner sei – sie würde ihm stur jene Fragen beantworten, die er selbst stellt. Er brauche sich nicht anzuhören, daß die Wand schlecht geschlafen oder einen verdorbenen Magen habe – die Wand würde auch keine Betrugsversuche unternehmen, sie hätte ihn auch noch nie beleidigt. Es sei ein bißchen so wie beim Golfspielen, sagte Herr Ferz, nur könne er hier viel mehr mitmachen.

Ich glaube, daß Herr Ferz im Laufe der Jahre ungefähr zehn Millionen Schläge gegen die Wand gesetzt hat. Die Wand ist an manchen Stellen ein wenig uneben geworden, was Herr Ferz auf die Witterungseinflüsse zurückführt. Ich bin der Meinung, daß das eher mit Materialermüdung zusammenhängt. Welcher Beton hält schon zehn Millionen Ballkontakte aus?

Natürlich spielt Herr Ferz nicht ausschließlich gegen die Wand. Er ist durchaus bereit, mit einem auf den Platz zu gehen – aber nur zum Training. Das Schlimme ist, daß man nach kurzer Zeit zu der Überzeugung gelangt, von Herrn Ferz nur als Wand benutzt zu werden. Seine schönen geraden Schläge sind für jeden Partner eine Freude, aber bei längeren Ballwechseln kann man Herrn Ferz zählen hören. Er zählt jeden Schlag und freut sich, wenn man auf dreißig oder vierzig Ballwechsel kommt. Das sei aber mal richtig schön gewesen, sagt er dann und strahlt. Und schlägt einem den nächsten schönen geraden Ball zu, so als ob er (der Ball) von einer Wand abtropft. Herr Ferz übt auch Aufschläge, Schmetterbälle und Volleys – aber immer nur so, wie es unsereiner beim Einschlagen vor dem Match macht. Man könnte statt Herrn Ferz auf der anderen Seite des Netzes auch eine Ballwurfmaschine aufstellen – es hätte den gleichen Effekt. Aber da Herr Ferz nun im Grunde genommen wirklich ein netter Herr ist, würde das nie einer laut sagen.

Aber man fragt sich doch hin und wieder, was in Herrn Ferz vorgeht, der niemals erlebte, welche Spannung ein Matchball auslöst, und welche Enttäuschung, wenn er im Netz hängenbleibt. Gibt es Architekten, die die schönsten Häuser aufzeichnen, die dann doch nie gebaut werden? Oder Autoren herrlicher Verse und Geschichten, die ihr Machwerk niemals gedruckt sehen? Es heißt, daß irgendwo im hinteren Asien die Mönche sich einen Ball zukicken – nicht etwa mit zwei Mannschaften und zwei Toren, sondern nur so zum freundschaftlichen Zeitvertreib ohne Wettkampf. Wahrscheinlich würde ich nach zehn Minuten den Ball mit herrlichem Spannstoß in das Klofenster jenes Klosters jagen – obgleich ich nicht genau weiß, ob sie in den Klöstern des hinteren Asien überhaupt Fenster im Klo haben. Ich weiß auch nicht, ob Herr Ferz das weiß. Auf jeden Fall ist er von einer wunderbaren Ausgeglichenheit, er hat keine Feinde und Neider im Club, er hat noch nie verloren und nie gewonnen. Aber obgleich ich sicherlich nicht zu den Erfolgreichen bei uns gehöre, möchte ich mit Herrn Ferz nicht tauschen.

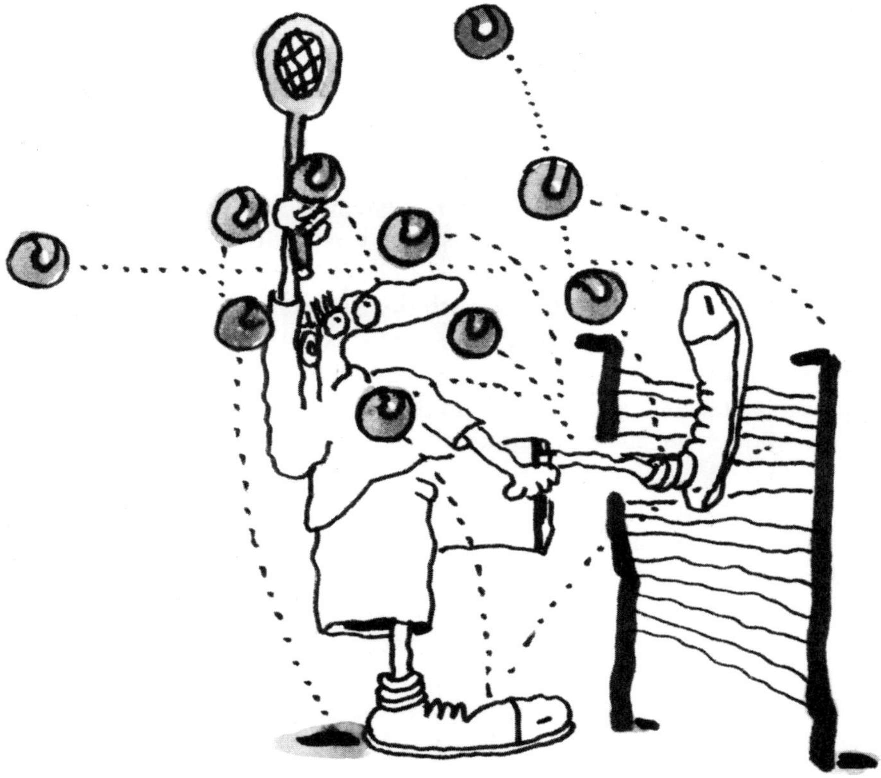

Nützliches oder Die Karriere von Gerd Heinzmann

Die erfolgreichste Tennis-Karriere, die ich je hautnah miterlebte, hatte nichts mit Wimbledon oder Flushing Meadow zu tun und auch nichts mit Leuten wie Björn Borg, Jim Connors oder John McEnroe – sie hatte zu tun mit einem jungen Mann namens Gerd Heinzmann. Der junge Herr Heinzmann war keines von den großen und vielversprechenden Talenten, als er zu uns kam. Sein Vater hatte ihm wohl als Frühtwen für den einen oder anderen Hunderter einen Trainer bezahlt, aber Gerd Heinzmann betrieb das Spiel keineswegs mit dem verrückten Enthusiasmus, den wir so gern bei jungen Leuten beobachten. Nein – er war nicht schlecht, aber auch wieder nicht so gut, daß man besonders auf ihn geachtet hätte. Rückblickend muß ich aber zugeben, daß kaum jemand sein Ziel so geradlinig verfolge wie Gerd Heinzmann.

Er kam in unseren Club auf die ganz normale Ochsentour: Er ließ sich auf die Warteliste setzen, und ein Jahr später war er dran. Er bezahlte seine Aufnahmegebühr, die ein wenig niedriger war, weil Gerd Heinzmann nachzuweisen vermochte, daß er noch die Universität besucht. Studenten gegenüber sind wir in unserem Club gerne etwas großzügiger.

Gerd Heinzmann stürzte sich keineswegs blind in den Spielbetrieb mit Ranglistengefechten und ähnlich aufreibenden Dingen. Er spielte mit diesem und jenem, aber er unterhielt sich genauso gern mit verdienten Mitgliedern oder deren Gattinnen. Gerd Heinzmann muß als sehr zuvorkommender junger Mann betrachtet werden, denn als Frau Fibelkorn eines Tages keinen Spielpartner hatte, stellte er sich sofort zur Verfügung. Frau Fibelkorn ist die Gattin von Herrn Fibelkorn und neigt zur Korpulenz, was dazu führt, daß niemand so richtig gern mit ihr spielt. Aber da Herr Fibelkorn über eine kleine, aber gutgehende Wurstfabrik herrscht und nicht nur unser Vizepräsident ist, sondern bei Sommernachtsfesten oder ähnlichen Feiern durch großzügige Stiftungen an Fleischwaren viele Freunde besitzt, bemüht sich jeder, nett auch zu Frau Fibelkorn zu sein. Aber man ist immer froh, wenn sich ein anderer dazu opfert. Insofern

fanden wir die Bereitschaft von Gerd Heinzmann, mit Frau Fibelkorn einige Bälle zu schlagen, sehr lobenswert.
Ich konnte es von meinem Platz aus genau beobachten: Gerd Heinzmann bemühte sich in der Tat rührend darum, ihr eine richtige Griffstellung beizubringen, er sagte, wie sie die Beine zu bewegen habe – zuletzt löffelte er ihr auch noch die Bälle so auf die Vorhand, daß sie von einem zweijährigen Kleinkind zu ereichen waren. Frau Fibelkorn freute sich und Gerd Heinzmann sammelte die Bälle aus den umliegenden Wäldern wieder zusammen. Nach einer Weile kam auch Herr Fibelkorn hinzu, der wohl noch länger in seiner Wurstfirma zu tun gehabt hatte. Auch er betrachtete dieses Bild mit sichtlichem Wohlgefallen. Als sie in der Dämmerung ins Clubhaus kamen, waren die beiden Fibelkorns voll des Lobes über diesen gut erzogenen jungen Mann namens Gerd Heinzmann. Gerd Heinzmann selbst kam ein wenig später und wurde von Herrn Fibelkorn lauthals zu einem großen Bier und Würstchen eingeladen. Gerd Heinzmann bedankte sich artig, und ob er lieber einen Sprudel haben könnte.
Es erscheint mir hier sehr wichtig, einzufügen, daß Herr Fibelkorn, der Vizepräsident, und Herr Sortenreich, unser Präsident, sich nicht ganz grün sind. Das hat man oft in Clubs, wo Vizepräsidenten ganz gern Präsident wären, Präsidenten aber genauso gern Präsidenten bleiben wollen. Herr Sortenreich, unser Präsident, besitzt eine florierende Fabrik für Pappkartons – im Vergleich mit der Wurstfabrik von Herrn Fibelkorn, unserem Vizepräsidenten, schneidet die Pappkartonfabrik von Herrn Sortenreich ungefähr zehnmal so gut ab. Umsatz- und reinverdienstmäßig.
Ich glaube, im nachhinein behaupten zu können, daß Gerd Heinzmann die Unterschiede zwischen der Familie Fibelkorn und der Familie Sortenreich schneller erkannte, als jedes andere neue Mitglied in unserem Club. Als Gerd Heinzmann nämlich ein paar Tage später wieder mit Frau Fibelkorn geübt hatte (sie hatte ihre Tochter mitgebracht, die ihrer Mutter wie aus dem Leib geschnitten war – Herr Fibelkorn hatte am Vorabend einfließen lassen, daß er dem netten Herrn Heinzmann nach dem bevorstehenden Ende der Studienzeit eine Stelle im Büro anbieten wolle) – als also Gerd Heinzmann und Frau Fibelkorn ihre ersprießliche Zusammenarbeit auf dem Tennisplatz zur Zufriedenheit aller beendeten und den verschiedenen Umkleideräumen zustrebten, kam Frau Sortenreich gerade an. Sie grüßte kurz, setzte sich und bestellte einen Tee. Frau Sortenreich spielte früher in der ersten Damenmannschaft und ist heute noch das, was man eine interessante Frau nennt. Nachdem Gerd Heinzmann geduscht und umgezogen war und im Clubhaus ein Sprudelwassser bestellte, fragte Frau Sortenreich unseren Wirt quer durch den Raum, ob denn sonst niemand da sei, mit dem sie ein paar Bälle schlagen könnte. Der Wirt bedauerte. Gerd

Heinzmann erhob sich, schritt zu Frau Sortenreich, stellte sich formvollendet vor und offerierte sich als Partner. Frau Sortenreich musterte unseren Gerd Heinzmann und nickte. Gerade als Frau Fibelkorn wieder erschien, gingen Gerd Heinzmann und Frau Sortenreich auf den Platz. Man muß zugeben, daß der resignierte Seufzer von Frau Fibelkorn sehr tapfer klang.
Frau Sortenreich und Gerd Heinzmann boten in der Tat ein schönes Bild, wie sie sich da die Bälle zuspielten. Nur absolute Experten vermochten zu erkennen, daß Gerd Heinzmann den Ball sehr gerne auf die Vorhandseite seiner Partnerin zu schlagen schien – Frau Sortenreichs bester Schlag war diese Vorhand. Später sah es von weitem so aus, als würden sie sogar einen Satz spielen. Gerd Heinzmann, von dem ich wußte, daß er einen verteufelt getwisteten Aufschlag fertigbrachte, schlug schöne gerade Bälle – meistens dorthin, wo Frau Sortenreich ihren Paradeschlag anbringen konnte.
Sie kamen sehr fröhlich wieder und ließen sich an der Bar nieder, wo Herr Sortenreich bereits seine liebe Frau applaudierend erwartete. Gerd Heinzmann sagte: „Ich habe alles mögliche versucht, aber die Vorhand, gnädige Frau, ist unglaublich! Wie machen Sie das nur!?" Herr Sortenreich lächelte geschmeichelt und meinte, daß seine liebe Frau früher in der Ersten gespielt habe – und ob Herr Heinzmann nicht auch einmal mit ihm. Gerd Heinzmann verwies darauf, daß er wegen seines bevorstehenden Studiumabschlusses sehr viel zu arbeiten habe, aber er würde selbstverständlich gerne.
Gerd Heinzmann spielte nun recht oft mit den Sortenreichs, ihm und ihr – hin und wieder sogar mit den beiden recht mickrigen Töchtern der Sortenreichs. Es wäre üble Nachrede, wenn man behaupten würde, Gerd Heinzmann ließ Herrn Sortenreich, Präsident und Kartonagenfabrikbesitzer, absichtlich gewinnen. Eigentlich siegte meistens Gerd Heinzmann, wenn auch nur unter Aufbietung aller seiner weitaus jüngeren Kräfte, die Herr Sortenreich im Laufe seines Lebens bereits in den Pappkartonhandel investiert hatte. Aber selbst dann vermochte Gerd Heinzmann bei den Sortenreichs den Eindruck zu erwecken, selbst ganz hervorragend gespielt zu haben: „Herr Sortenreich, ich muß schon sagen, daß man immer noch die alte Klasse sieht!"
Die Tennis-Karriere von Gerd Heinzmann nahm einen rapiden Verlauf. Er erhielt für nur wenige Monate eine Volontärstelle in der Kartonagenfabrik Sortenreich und übernahm dann schon eine kleine, aber wichtige Abteilung des expandierenden Werks. Seine knapp bemessene Freizeit allerdings verbrachte er bei uns im Club meistens beim Spiel mit Herrn oder Frau Sortenreich. Zweieinhalb Jahre später heiratete er eine der beiden mickrigen Sortenreich-Töchter und verursachte ihr sofort mehrere Kinder. Tennis hat er seither nicht mehr gespielt, aber er hat gute Chancen, demnächst bei uns Vizepräsident zu werden.

Nervöse Nerven oder Der ideale Tennis-Typ für mich

Erfahrene Tennisspieler behaupten, daß fünfzig Prozent des Geheimnisses allein im Psychologischen begründet sind. Eine solche Aussage ist mit einiger Vorsicht zu genießen, selbst wenn sie stimmt. Wenn man nicht die Schläge beherrscht, kann man psychologisch noch so überlegen sein. Aber bei zwei gleichwertigen Spielern ist diese These sicherlich richtig. Ja – es gibt sogar Beispiele, wo technisch Unterlegene zuletzt gewannen, weil sie auf diesem anderen Gebiete eben besser waren.
Nein – keine miesen Tricks, die stehen in einem anderen Band. Sondern weiter nichts als mehr Unbefangenheit, weniger Hummeln im Magen, besser geschlafen, auch selbstbewußter. Die Beispiele hier kommen nicht aus unserem Club, sondern von Leuten, die in diesem Spiel Geschichte machten. Das bedeutet aber keineswegs, daß sie nicht etwa auch auf unseren Club zu übertragen wären – nur eben ein paar Nummern kleiner.
Nehmen wir einmal zwei Australierinnen, die so verschieden waren, wie Frauen überhaupt nur verschieden sein können. Ihre Karrieren sind wohl als abgeschlossen zu betrachten, so daß man nicht in Gefahr gerät, irgendwelche Deutungen später einmal umschreiben zu müssen. Die Rede ist von der mächtigen Athletin Margaret Court (geb. Smith) und der lieblichen Evonne Goolagong (verehelichte Cawley). Margaret Court (damals noch Smith) kam im Jahre 1962 nach Wimbledon und galt als die besttrainierte Athletin der Welt, inklusive sowjetischer Kugelstoßerinnen. Sie schlug jeden Ball wie ein Kerl, sie stand am Netz wie ein Gebirge, sie besaß die Kondition eines Boxweltmeisters. Ihr waren die wunderbarsten Mären vorausgeeilt. Man hatte sie an die Nummer Eins der Favoritenliste gesetzt, und niemand erwartete etwas anderes als einen Sieg von ihr. Sie kam an diesem Dienstagmittag in den Centre Court und sah aus wie zweiundvierzig, obgleich sie drei Wochen vor ihrem zwanzigsten Geburtstag stand. Auf der anderen Seite des Netzes stand ein Mädchen, das ungefähr die Hälfte der mächtigen Margaret ausmachte: Eineinhalb Jahre jünger, herumschnatternd, lachend, hüpfend – sie hieß damals Billie Jean Moffitt und galt als ordentliche Doppelspielerin, aber ohne hochgespannte

Erwartungen. Billie Jean, die niemals hart trainiert hatte, schlug Margaret, die Favoritin, in der ersten Runde dieses Turniers. Margaret Smith gewann Wimbledon dann übrigens ein Jahr später, während Billie Jean Moffitt immerhin bis zum Jahre 1966 brauchte, um diese Krone ebenfalls zu erringen.

Es gibt wohl keinen Zweifel darüber, daß Margaret Court die bessere Spielerin war. Aber Billie Jean (später verehelichte King) schien in dieser Nervenanspannung ein erfrischendes Bad zu nehmen, sie genoß das große Spektakel rundherum – es ist anzunehmen, daß Margaret Court jedes Match der beiden gewonnen hätte, wenn man es auf eine einsame Insel ohne Fernsehkameras und Zuschauer verlegt hätte. Natürlich wurde Margaret Court mit den Jahren auch psychisch stabiler, die Erfolge stärkten ihr Selbstbewußtsein, und 1970 gewann sie eines der berühmtesten Damenfinals von Wimbledon gegen Billie Jean King nach zweieinhalb Stunden mit 14:12, 11:9. (Das Match lebte von seiner gewaltigen Spannung, so daß man vergaß, daß es eigentlich lausig war – beide Spielerinnen gaben später zu, verletzt gewesen zu sein.)

Aber 1973 ergab sich erneut der Beweis für die Labilität der Margaret Court, als sie sich überreden ließ, gegen einen 55jährigen Mann anzutreten, der behauptet hatte, er sei immer noch besser als die beste Tennisspielerin der Welt. Dieser Mann hieß Robert Larimore Riggs und hatte im Jahre 1939 in Wimbledon gesiegt. Riggs, von dem es heißt, daß er der größte Glücksspieler aller Zeiten gewesen sei, spielte die Angelegenheit zu einer Auseinandersetzung empor, die als Kampf der Geschlechter in die Geschichte eingehen sollte. Er machte aus der Wahl der Bälle ein riesiges Theater, so daß sich ganz Amerika in Riggs- und Court-Anhänger teilte. Diese Last war zuviel für Margaret Smith – sie verlor sang- und klanglos. Die Pointe der Geschichte geschah Monate danach, im September 1973 im gewaltigen Astrodome von Houston/Texas vor 30492 zahlenden Zuschauern und etwa fünfzig Millionen Menschen an den heimischen Fernsehschirmen. Riggs hatte jetzt Billie Jean King herausgefordert, für die Rechte der Frau mit dem Tennisschläger zu kämpfen. Das tat sie denn auch und gewann 6:4, 6:3, 6:3.

Die Frage, ob seither die Frauen in den Vereinigten Staaten von Amerika mehr Rechte haben, oder ob sie solches überhaupt nötig hatten, braucht hier nicht beantwortet zu werden. Nur der Unterschied zwischen der Court und der King.

Aber kommen wir zu der eingangs erwähnten zweiten Australierin namens Evonne Goolagong. Sie kam 1971 daher wie ein kleines Mädchen, welches nur mal gerade eben das Schmetterlingsfangen oder Blumenpflücken unterbrochen hatte, um ein bißchen Tennis zu spielen. Nein, war das alles

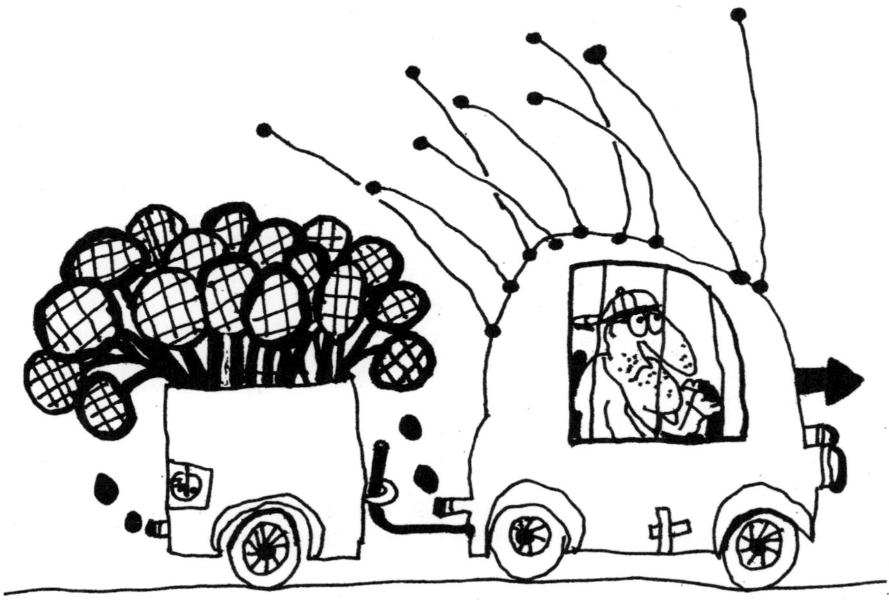

nett! Das Wetter so schön, und der Rasen so grün – so richtig, um nur mal eben so ein bißchen Tennis zu spielen! Und dort drüben, auf der anderen Seite auch noch die nette Freundin – das Leben ist wunderschön. Ein bißchen fremd wirkten nur die vielen Zuschauer – und wenn man dann noch die an den Fernsehern mitzählt – lieber Himmel, wie nett! Vielleicht schaut die Familie daheim zu – wie aufregend.
So kam die braune Evonne Goolagong mit den krusseligen Haaren über die erste Wimbledonwoche und fand es nett. So nett kam sie auch über die zweite Woche: Stellt Euch vor, da habe ich gegen Nancy Gunter-Richey gewonnen – und dann gegen Billie Jean King – ist das nicht toll. Und der Rasen – das ist überhaupt das höchste! Und die netten Leute, die so nett sind, und die netten Freundinnen dort drüben, die so nett sind und nett verlieren! Ach und im Finale, die nette Margaret Court, die nach netten fünfundvierzig Minuten 6:4, 6:1 geschlagen war – wie nett das doch alles ist!
Evonne Goolagong konnte allerdings manchmal vor lauter Nettigkeit vergessen, daß sie auf dem Tennisplatz stand – dann verlor sie gegen jene beinharten Konzentrationsbolzen, und es schien oft, als sei sie nach dem letzten Punkt überrascht, daß es schon vorbei war: Schade – denn es war doch so ein nettes Match. Evonne Goolagong fand übrigens einen netten Mann, dem sie erst eins, dann noch ein Baby schenkte, die selbstverständlich beide sehr nett waren. Zwischen den beiden Babys gewann sie dann noch einmal in Wimbledon – neun Jahre nach dem ersten Erfolg – was jedermann ebenfalls sehr nett fand.
Stars – das weiß man in jeder Abteilung der Unterhaltungsbranche – werden nicht von Managern gemacht, sondern von den Medien. Von dieser Schuld kann sich kein Zeitungsschreiber, kein Radioreporter und kein Fernsehmensch freisprechen. Das ist im Metier des Sports nicht anders. Es gibt zwar Sportler (vor allem Professionelle), die nach einer Weile so gewaltig sind, daß sie an ihre eigene Gottähnlichkeit glauben, aber sie haben darüber wahrscheinlich einen Teil ihrer kühlen Überlegung verloren. Nicht einmal der Nachbar wüßte von ihren Leistungen, wenn er es nicht aus den Medien erfahren würde. Stars brauchen Publikum, um solches zu sein. Es kommt nicht von ungefähr, daß Tennisstars beispielsweise fünfhundert Dollar zahlen müssen, wenn sie nicht zu den Pressekonferenzen erscheinen, die nach den Spielen angesetzt sind. Deshalb war es nicht nur dämlich, sondern geradezu pflichtvergessen, als bei jener Fußballweltmeisterschaft in Spanien der hochbezahlte Pressewart eines großen Verbandes seinen ebenso hochbezahlten Trainer in der Meinung unterstützte, er brauche nur mit Reportern zu reden, die ihm genehm sind. In jeder anderen Presseabteilung des Show-Gewerbes oder auch der

Industrie, die einigermaßen vernünftig geführt wird, säße der Mann morgen auf der Straße. Oder wenigstens im Archiv.
Genug davon. Ein schönes Exempel dafür, wie man einen Star machen kann, gab es Ende der fünfziger, Anfang der sechziger Jahre in England, wo die Medien allerdings dafür auch besondere Talente entwickeln. Der Teenager hieß Christine Truman, war über einsachtzig lang und besaß das, was Teenager oft besitzen – Babyspeck nämlich. Christine Truman wurde in England mit Erwartungen beladen, die geradezu unmenschlich waren – sie erhält mehr Publizität als der Premierminister – man diskutierte jeden ihrer Schläge – bevor sie auf den Platz ging, hatte sie ein halbes Dutzend Interviews gegeben, in denen sie erklärte, wie und warum sie gewinnen würde – und wenn sie verloren hatte, mußte sie genauso erklären, warum dieses geschehen war. Sie trug das Wohl und Wehe der Nation auf ihren Schultern – eine Johanna von Wimbledon. Sie erreichte das Endspiel in Wimbledon übrigens nur einmal und führte gegen ihre schwerhörige Landsmännin Angela Mortimer bereits hoch. Dann fiel sie auf dem schlüpfrigen Rasen hin, setzte ein Volley über den leeren Platz ins Aus und verlor. Später heiratete sie und arbeitete ein bißchen fürs Fernsehen – eine hohe schlanke Frau voller Charme und Herzlichkeit, die über das Riesenbaby von damals sehr schön lachen konnte.
Es ist bisher ausschließlich von den Damen erzählt worden. Das liegt aber eher daran, daß man sonst nicht viel hört von verbalen oder psychologischen Auseinandersetzungen der Weiblichkeit auf dem Tennisplatz. Was das für Gründe hat, läßt sich schlecht sagen. Vielleicht deswegen, weil sie nicht jenes Strafenregister benutzen, wie es die Herren tun – in dieser Liste steht genau angegeben, was es kostet, einmal laut „Scheiße" zu brüllen oder den Ball irgendwohin in ein fernes Land zu schießen.
Nehmen wir das Wimbledonfinale 1975, in das der Amerikaner Jim Connors als haushoher Favorit ging. Er hatte im Vorjahr den alten Ken Rosewall im Endspiel geradezu vom Platz gefegt. Jetzt hieß sein Gegner Arthur Ashe, der erste Neger, der hier je das letzte Match bestritt (Althea Gibson hatte gut eineinalb Jahrzehnte das gleiche bei den Damen geschafft). Ashe hätte eigentlich viele Gründe gehabt, nervös zu sein. Er hatte sieben Jahre vorher die USA-Meisterschaft gewonnen und galt als guter Spieler – aber das war auch schon alles.
Arthur Ashe ging am Abend zuvor in den Playboy Club in London, gewann einige Pfund und lag gegen Mitternacht im Bett. Was die rein spielerische Taktik anbetraf, so wußte er das, was alle anderen Gegner von Connors auch wußten: Alle harten Topspin-Drives nach Möglichkeit vermeiden, weil es nichts gibt, was Connors lieber beantwortet. Aber es gab da noch andere Dinge, die mit solchen Überlegungen nichts zu tun haben. Zwischen

beiden schwebte ein gerichtliches Verfahren, das Jim Connors angestrengt hatte: Ashe hatte Connors einen unpatriotischen Menschen genannt, weil dieser es ablehnte, im Davispokal nicht für Geld, sondern fürs Vaterland zu spielen – Connors fühlte sich beleidigt und klagte um eine Million Dollar. Als Arthur Ashe auf den Platz kam, trug er die blauweißrote Jacke des amerikanischen Daviscup-Teams – vielleicht erhielt Connors dadurch schon seinen ersten Knacks. Dann setzte sich Ashe bei jedem Seitenwechel mit geschlossenen Augen hin und schien in tiefer Trance zu versinken – es sah gespenstisch aus. Natürlich kann man nicht ausschließen, daß er diese meditative Übung tatsächlich nur für sich selbst tat; aber sicherlich hatte sie dann eine gute Nebenwirkung. Jim Connors zog aus seinen Kniestrümpfen einen Brief mit aufmunternden Anordnungen seiner Mutter, die ihm dazuhin noch von der Tribüne mit beschwörenden Handbewegungen das Funktionieren einer beidhändig geschlagenen Rückhand vormachte. Ashe siegte 6:1, 6:1, 5:7, 6:4. Es gibt Beobachter in Wimbledon, die der Meinung sind, daß in einem solch exponierten Match nie zuvor die psychologische Auseinandersetzung eine so große Rolle spielte.
Man könnte noch hinzufügen, daß Connors erst sieben Jahre später, 1982, wieder Wimbledon gewann. Er tat es gegen einen erheblich jüngeren Mann namens John McEnroe, der ihm zumindest technisch mit Sicherheit überlegen war. Dieser McEnroe, der gerade in diesem Zusammenhang sicherlich ein eigenes Kapitel wert wäre, wäre vielleicht der perfekteste aller Tennisspieler, wenn er nicht gerade diese Perfektion mit mehr Kraft anstreben würde, als es ihm guttut. Er will nicht nur jedes Spiel, jeden Satz, jedes Match gewinnen, sondern auch jeden Punkt gewinnen. Selbstverständlich wäre das der Gipfel der Perfektion – es wäre aber auch der Gipfel der Langeweile.
Der berühmte Big Bill Tilden, der so groß lebte und so klein starb, war weit davon entfernt, irgendwelche psychologischen Tricks zu gebrauchen. Oder doch: Wenn er von seinem Gegner wußte, daß der eine furchterregende Vorhand sein eigen nennt, griff er gerade dort an! Er zwang den anderen schließlich dazu, gerade mit dem Paradeschlag Fehler zu begehen – und hatte dann ein leichteres Spiel als andere, die nur immer die schwächere Seite des Gegners anvisieren.
Wenn schon von Typen die Rede ist: Ilie Nastase verstand sich wohl meistens als Clown – er fühlte sich in seinem Element, wenn das Volk auf den Rängen sich vor Vergnügen auf die Schenkel klatschte, und wenn der auf der anderen Seite des Netzes schließlich die Nerven verlor. Mitte der siebziger Jahre spielte er in Wimbledon einmal gegen den nicht schlechten, aber gewiß auch nicht überragend guten Sherwood Stewart: Dieser setzte sich hin und schaute interessiert zu, als ‚Nasty' seine Schau veranstaltete, er

applaudierte gar und versetzte sich in die Position des amüsierten Zuschauers. Als Nastase dann mit seiner Vorstellung fertig war, wurde er von Stewart gar fürchterlicher verprügelt – in drei Sätzen.
Die Liste böser, halbböser oder auch nur raffinierter Buben ist mit Sicherheit nicht erst mit dem Einzug des Kommerz-Tennis begonnen worden. Zeitgenossen des legendären Franzosen Jean Borotra erzählen davon, wie er seine Gegner während des Seitenwechsels so lange lobte, bis sie trotz des Lobs verloren hatten – oder beim Seitenwechsel den gegenüberliegenden Pfosten ansteuerten. Oder auch Wilhelm Bungert, der Deutsche, der selbst bei brütender Hitze in einem Pullover auf den Platz kam, jedes Härchen der Frisur auf seinem Haupte geordnet und dann so steif dahermarschierte, daß ihm die Londoner den Beinamen eines ‚preußischen Grenadiers' gaben – es sah manchmal aus, als könne er in Habacht-Stellung noch eine dröhnende Vorhand über den Platz fetzen. Er war ja nicht nur 1967 in jenem Wimbledonfinale, sondern hatte schon vier Jahre zuvor das Semifinale mit einem Sieg über die Nr. 1, Roy Emerson, erreicht. Er verlor dann gegen den rundlichen Chuck McKinley, der dann das ganze Turnier für sich entschied. Einer, der rannte, stolperte, flog, hetzte, hieb – ein Gegner sagte einmal, er fühle sich von McKinley umzingelt.
Wenn es tatsächlich stimmt, daß fünfzig Prozent des Erfolgsgeheimnisses in diesem Spiel auf psychologischen Dingen beruht, dann sollte man nicht vergessen, daß die Gegner auf der anderen Netzseite aber immer wieder anders reagieren – weil es eben andere Menschen sind. Es ist nicht bekannt, daß etwa Börn Borg sich irgendwann einmal darüber aufgeregt hat, wenn drüben etwas Ungewöhnliches geschah. Andererseits hat Jim Connors noch auf alles reagiert, was in seinem Wahrnehmungsbereich passierte – mal so, und mal so. Der ideale Tennis-Typ? Ich kann ihn mir nicht vorstellen.
Oder vielleicht doch: Es ist für mich jener, gegen den ich nach Überwindung schlimmster Umstände, härtester Volley-Duelle und atemberaubender wilder Drives quer über den Acker und längs der Linien immer gewinne. Ich habe es längst aufgegeben, solche Menschen ausfindig zu machen.